珍藏本
纪念版

汉译世界学术名著丛书

社会契约论

一名：政治权利的原理

〔法〕卢梭 著

何兆武 译

商务印书馆
SINCE 1897 The Commercial Press

2017年·北京

J. J. Rousseau

DU CONTRAT SOCIAL

（Ou Principes du droit Politique）

Paris，Aubier

据巴黎奥比埃出版社版译出

让·雅克·卢梭

汉译世界学术名著丛书
（120年纪念版·珍藏本）
出版说明

2017年2月11日，商务印书馆迎来120岁的生日。120年前，商务印书馆前贤怀揣文化救国的理想，抱持“昌明教育，开启民智”的使命，立足本土，放眼寰宇，以出版为津梁，沟通中西，为中国、为世界提供最富智慧的思想文化成果。无论世事白云苍狗，潮流左右激荡，甚至战火硝烟弥漫，始终践行学术报国之志，无改初心。

迻译世界各国学术名著，即其一端。早在20世纪初年便出版《原富》《天演论》等影响至今的代表性著作，1950年代后更致力于外国哲学和社会科学经典的译介，及至1980年代，辑为“汉译世界学术名著丛书”，汇涓为流，蔚为大观。丛书自1981年开始出版，历时三十余年，迄今已推出七百种，是我国现代出版史上规模最大、最为重要的学术翻译工程。

丛书所选之书，立场观点不囿于一派，学科领域不限于一门，皆为文明开启以来，各时代、各国家、各民族的思想与文化精粹，代表着人类已经到达过的精神境界。丛书系统译介世界学术经典，引领时代思想，为本土原创学术的发展提供丰富的文化滋养，为推动中国现代学术和现代化进程做出了突出的贡献。

为纪念商务印书馆成立120周年，我们整体推出“汉译世界学术名著丛书”120年纪念版的珍藏本，寄望既利于文化积累，又便于研读查考，同时向长期支持丛书出版的译者、编者和读者致以敬意。

两甲子后的今天，商务印书馆又站在了一个新的历史时间节点上。我们不仅要铭记先辈的身影和足迹，更须让我们的步伐充满新的时代精神。这是商务人代代相传的事业，更是与国家和民族的命运始终紧密相连的事业。我们责无旁贷，必须做好我们这代人的传承与创造，让我们的努力和成果不仅凝聚成民族文化的记忆，还能成为后来人可以接续的事业。唯此，才能不负前贤，无愧来者。

商务印书馆编辑部

2017年10月

译者前言

卢梭(J. J. Rousseau,1712—1778)是十八世纪启蒙运动最卓越的代表人物之一,是法国大革命的思想先驱者。他的《社会契约论》一书为十八世纪末法国资产阶级民主革命和美国资产阶级民主革命提供了理论纲领。

本书的中心思想是:人是生而自由与平等的,国家只能是自由的人民自由协议的产物,如果自由被强力所剥夺,则被剥夺了自由的人民有革命的权利,可以用强力夺回自己的自由;国家的主权在人民,而最好的政体应该是民主共和国。本书立论的观点虽然基本上是唯心主义的,但在十八世纪下半叶资产阶级民主革命的前夜提出,终究起过进步的历史作用。社会契约的理论集中地反映了资产阶级上升时期的民主理想:针对封建制度和等级特权,提出了争取自由和平等的战斗口号,并要求建立资产阶级的民主共和国。美国革命的《独立宣言》、法国革命的《人权宣言》以及两国的宪法,在很大程度上都直接继承和体现了卢梭的理论精神和政治理想。

本书已经成为世界思想史上的重要古典文献之一;处在革命时代的各国资产阶级曾经把卢梭的这本《社会契约论》当作福音。以卢梭为代表的天赋人权思想在本世纪的初期传到我国,在我国旧民主主义革命阶段曾经产生过一定的思想影响。

同时也要看到，卢梭并没有能超出他自己时代的和阶级的局限。他理想中的永恒正义和理性王国，归根结底，只是资产阶级民主革命时期代表小资产阶级（小私有者）的利益和要求的呼声，而天赋人权的学说实质上也只是那个阶级所有制的理想化与理论化而已。所以本书虽然有着许多光辉的民主思想和辩证法因素，但同时也包括了大量空想的、反科学的观点和方法。这是我们应该注意加以分析的。

本书根据奥比埃（Aubier）版，摩·哈伯瓦斯（M. Halbwachs）注释本译出，翻译过程中对照了1827年菲尔涅（Furne）版《卢梭全集》本和比较通行的另外几种版本。凡遇各本在文字上有出入的地方，均在脚注中注明。

译本曾于1958年以《民约论》书名由法律出版社出版，现在更名为《社会契约论》移交商务印书馆重版。乘这次重版的机会，我对全书译文做了较大的修订；但由于自己水平所限，译文和注释中错误或不当之处在所难免，希望能得到专业工作者和读者们的指正。

1963年11月

此次再版，又根据伏汉（C. E. Vaughan）本（剑桥两卷本，1962，及龙门一卷本，1914）和波拉翁（G. Beaulavon）本（格拉赛一卷本，1920）全部重校过。注释亦有较大的增删，大多采自哈伯瓦斯、伏汉、波拉翁各家以及其他通行各本，个别地方亦间下己意，以期有助于理解原文。《日内瓦手稿》第二章有关国家起源的理论，与本书中一些基本论点，颇多可以互相参证之处，为历来的研究者所重视，此次亦一并译出，作为附录，供读者参考。

1979年3月

修订第三版前言

前些天得到商务印书馆通知，说是卢梭《社会契约论》一书即将重印，这应该是第十二次印刷本了，问我需不需要再加修订？一本古典著作并非是什么流行的畅销书，居然前后印刷达十二次之多，实在是始料所未及的事。这个译本最初还是20世纪50年代刊行的，70年代末再版时，曾经修订过一次，迄今又已有二十多年，理应再进行一次修订。此次修订主要的是：（一）某些译文文字上有所改动；（二）个别译注部分有所调整。但整体说来，变动不大。去年商务印书馆出版了一套"汉译名著随身读"丛书，曾收有本书的节选本。这个工作由我承乏。出版时我写了一篇简短的前言，现略加删节，附录于下：

本书作者卢梭是18世纪启蒙运动最卓越的代表人物之一，他的《社会契约论》一书为近代的民主思潮与民主运动提供了一项重要的理论基础，即主权在民论，从而使这部书成为近代世界民主主义的一部福音书。本书理应和亚当·斯密的《国富论》、康德的《纯粹理性批判》、达尔文的《物种起源》、穆勒的《论自由》、马克思的《资本论》等经典著作并列，标志着人类近代思想理论的高峰。

卢梭（1712—1778）出生于瑞士日内瓦，但一生的主要活动是在法国。他早年流浪，一生没有正式职业；但中年以后他的著作使他在当时法国文化界享有盛名，并和当时许多名家如伏尔泰、狄德罗等人均有交往。他的主要著作有：《论科学与艺术》(1749)、《论人类不平等的起源和基础》(1755)、《新爱洛漪丝》(1761)、《社会契约论》(1762)、《爱弥儿》(1762)、《山中书简》(1763)和死后出版的《忏悔录》(1788)。他的著作大多已有中文译本。

18世纪民主思潮的影响是世界性的。20世纪初年中国先进的知识分子开始介绍卢梭《民约论》(即《社会契约论》一书最早的译名)的学说，对中国的民主思潮曾起过推动作用。当时民主革命的思想有很大一部分即来源于启蒙运动所引发的美、法民主革命思潮。直迄"五四"新文化运动时期，陈独秀在《新青年》第一卷第一号上发表了《法兰西人与近世文明》一文，文中赞美18世纪法国的人权理论——而卢梭正是它当之无愧的首席代言人——乃是"最足以变古之道而使人心社会划然一新"、从而深刻影响了人类文明史的大事。"自由、平等、博爱"的口号也曾风靡20世纪早期中国的思想界。

每个思想家都有其自己的理想国，那里面寄托着他本人对政治社会的向往。然而理想与现实、理论和实践之间是永远存在着巨大的差距的。贝克尔(Carl Becker)说得好：假如罗兰夫人知道自己的理想落实到现实的层面上，就是法兰西第三共和(1870—1940)的话，当年她就不会有勇气走上断头台了。《社会契约论》毕竟只是描绘作者个人的理想国，一切理想国都必然带有极大的乌托邦性质，何况卢梭本人就是近代浪漫主义的大宗师。他自幼生长在小国寡民的日内瓦，他所熟悉的是普鲁塔克《英雄传》中希腊罗马的典型;他向往古代城邦的直接民主,处处以斯巴达为范本。他的理想国是从来不曾、也永远不会存在的。这种自然法学派理论遭到了19世纪历史法学派的猛烈攻击,被指责为都是想当然耳的臆造,全无史实的根据。确实,又有谁曾签署了那一纸建立国家的"原始契约"?在什么时候、什么地点?不过,理论不必就以史实为根据。法理上能否成立是一回事,历史事实是否如此则是另一回事。古往今来的历史上有没有过自由平等是一回事,人们在法理上应不应该享有自由平等又是另一回事。卢梭本人就明确宣告:"我探讨的是权利的道理,我不要争论事实。"卢梭所要论证的道理不外两点:(一)自然权利论,即人是生而自由平等的。按,"天赋人权"的"天赋"一词,原文为"自然的(naturel)","天赋人权"原文是"自然的权利"。中国翻译把它翻回去时,却改作"by Heaven(由'天'所赋)",意思恰好弄反了。(二)人民主权论,即主权在民,政府是人民自由意志的产物,所以人民有权废除一个违反自己意愿、剥夺了自己自由的政府。这个理论成为近代世界民主诉求最有力的思想武器。

卢梭有着浓厚的诗人气质,他的政治思想也是非常之个性化的,给读者留下了非常广阔而灵活的解读空间。任何一个大思想家,后世读者总会有各种分歧的、不同的理解,卢梭尤其如此。他本人的一生有着不太正常的心灵的和感情的经历,这也不免反映在他的逻辑思维上。不过,他的热情和真挚、他的独立思考、他对人与人道的深切执着、他对世俗权威的藐视,是不会不给读者留下深刻的印象的。他曾鼓舞了近代许多的革命者,从法国的罗伯斯庇尔到中国的邹容、陈天华。自然,也有不少人根据各种理由指责他和反对他。这是人类思想史上的正常现象。他的那句名言:“人是被迫自由的”,就不知困扰了多少读者。

读者有兴趣的话,可以阅读本书全文。如果还想进一步阅读,最好能参看一下早期契约论者霍布斯、洛克、启蒙运动作家狄德罗、孔多塞和保守主义者柏克等人的作品。卢梭和法国大革命距我们今天已经两个多世纪了,但是当年遗留给我们的那些思想瑰宝:启蒙、理性主义、天赋人权等等,作为人类文化的遗产是永远值得后人珍视和认真研究的。人们的思想认识只有在前人已有的基础之上,才有希望进步并达到更高的水平。一个传统的政权是可以或者应该彻底砸烂的,但一种思想文化的传统,却是不应该、而且永远也不可能彻底砸烂的。

最近李平沤教授著有《主权在民 VS“朕即国家”——解读卢梭〈社会契约论〉》一书,对本书有精辟的分析,为中文著作中对卢梭这部书最佳的解读。谨推荐有兴趣的读者阅读此书(山东人民出版社,2001 年版,“名家解读经典名著丛书”)。

译 者

2002 年夏,北京清华园

目　录

① 此处伏汉本尚有如下标题："本卷探讨人类是怎样由自然状态过渡到政治状态的，以及公约的根本条件是什么。"——译注

② 此处伏汉本尚有如下标题："本卷讨论立法。"——译注

① 此处伏汉本尚有如下标题:“本卷讨论政治法,即政府的形式。”——译注

① 此处伏汉本尚有如下标题:“本卷于继续讨论政治法时,将阐明巩固国家体制的方法。”——译注

前　　言

这篇简短的论文，是我以前不自量力从事而后来又久已放弃了的一部长篇著作①的撮要。就已经写成的各部分中可供采择的各段而言，本文最为重要，而且自以为还不是不值得贡献于公众之前。其余部分则已不复存在了②。

① 此处"一部长篇著作"，系指作者原来计划要写的《政治制度论》一书。卢梭《忏悔录》第 2 卷，第 9 章，1756 年："在我准备从事的各种著作中，我思索得最久的、我所最感兴趣的、我愿意终生从事而且我以为会使我享有盛名的，就是我的《政治制度论》一书。"

卢梭于 1761 年完成《新爱洛漪丝》一书后，又重新考虑他已经搁置了的《政治制度论》，但感到这部书的写作所需时间太长，"于是我就决定放弃这部书，把其中可以独立的部分抽出来，其余的则全部付之一炬。我热诚地进行这项工作，同时并未中止《爱弥儿》一书的写作。两年之内我终于完成了《社会契约论》。"（同上书，第 2 卷，第 10 章，1759 年）

据《忏悔录》的自述，卢梭于 1743 年游威尼斯时即已开始考虑政治问题；后来"[我的]观点由于对道德风尚进行历史研究而大为拓展"，"我看出一切问题在根本上都取决于政治，而且无论人们采取什么方式，任何民族永远都不外是它的政府的性质所使它成为的那种样子；因此我觉得什么是可能最好的政府这个大问题，就转化为如下的问题：什么是适合于形成一个最有德、最开明、最睿智并且从而是最美好的民族的那种政府的性质。"（同上）

本书系于 1753 年年底开始草拟。在《论人类不平等的起源和基础》一书的献词（1754 年 8 月）和为《百科全书》所写的《政治经济学》条目中，均已涉及《社会契约论》中的某些见解。——译注

② 《政治制度论》一书，大概已经写成若干部分；但卢梭在完成了《社会契约论》以后，就把其余的部分烧掉了。有人认为后来流传的《战争状态》一文，就是《政治制度论》一文的残存部分。

(接上页注)《社会契约论》先后有两种稿本。一种是 1762 年(阿姆斯特丹,雷伊)出版的《社会契约论》本,即后来通行的《社会契约论》正本。另有手稿一份,大约写成于 1754 年,未出版,现存日内瓦图书馆中,即通称的《日内瓦手稿》本。(此外尚有较残缺的一份手稿,通称《纽沙代尔手稿》本。)两种稿本内容大致相同,但文字上有若干出入。《日内瓦手稿》本中第一卷的第二章和第五章是正本中所没有的。

本书书名,卢梭最初写作《社会契约论》,后改为《论政治社会》,最后,再改为《社会契约论》。本书书名的副标题,《日内瓦手稿》本曾作过多次修改,最初是《论国家的体制》,后改为《论政治的形态》,再改为《论共和国的形式》,最后正本确定为《政治权利的原理》。——译注。

第　一　卷

我要探讨在社会秩序之中，从人类的实际情况与法律的可能情况着眼，能不能有某种合法的而又确切的政权规则。① 在这一研究中，我将努力把权利所许可的和利益所要求的结合在一起，②以便使正义与功利二者不致有所分歧。

我并未证明我的题旨的重要性，就着手探讨本题。人们或许要问，我是不是一位君主或一位立法者，所以要来论述政治呢？我回答说，不是；而且正因为如此，我才要论述政治。假如我是个君主或者立法者，我就不会浪费自己的时间来空谈应该做什么事了；我会去做那些事情的，否则，我就会保持沉默。

生为一个自由国家的公民③并且是主权者④的一个成员，不

---

① 此处“合法的”指合于正义的；“确切的”指切实可行的。卢梭，《爱弥儿》第 5 卷：“那些想把政治与道德分开论述的人，对两者中的任何一种，都将一无所获。”又《日内瓦手稿》第 1 卷，第 5 章：“我是探讨权利与理性，而不是争论事实。”——译注

② “权利所许可的”即上文“法律的可能情况”；“利益所要求的”即上文“人类的实际情况”。——译注

③ “一个自由国家”指日内瓦。十六世纪加尔文（J. Calvin，1509—1564）宗教改革后，日内瓦居民即分为五个等级（见本书第 4 卷，第 3 章注）。最高一级为公民，他们在日内瓦享有完全的政治权利。卢梭于 1712 年生于日内瓦，为日内瓦的公民。卢梭在《社会契约论》第一版卷首的署名是“卢梭，日内瓦的公民”，书内也赞扬了日内瓦的政治制度。1762 年《社会契约论》出版之后，遭日内瓦当局焚毁，次年卢梭放弃了自己的公民权。——译注

④ “主权者”指日内瓦共和国的全体会议（conseil général），即全体公民大会，卢梭于 1754 年曾参加过该会的一次会议。——译注

管我的呼声在公共事务中的影响是多么微弱，但是对公共事务的投票权就足以使我有义务去研究它们。我每次对各种政府进行思索时，总会十分欣幸地在我的探讨之中发现有新的理由来热爱我国的政府！

第一章 第一卷的题旨

人是生而自由的，[①]但却无往不在枷锁之中。自以为是其他一切的主人的人，反而比其他一切更是奴隶。[②] 这种变化是怎样形成的？我不清楚。是什么才使这种变化成为合法的？我自信能够解答这个问题。

如果我仅仅考虑强力[③]以及由强力所得出的效果，我就要说："当人民被迫服从而服从时，他们做得对；但是，一旦人民可以打破自己身上的桎梏而打破它时，他们就做得更对。因为人民正是根据别人剥夺他们的自由时所根据的那种同样的权利，来恢复自己的自由的，所以人民就有理由重新获得自由；否则别人当初剥夺他们的自由就是毫无理由的了。"社会秩序乃是为其他一切权利提供了基础的一项神圣权利。然而这项权利绝不是出于自然，

① "人是生而自由的"这一命题系针对王权专制论者"人是生而不自由的"命题而发。"费尔玛(英国王权专制论代表人——译者)的体系所根据的理由则是：没有人是生而自由的。"(洛克《政府论》第1卷，第1章，第2节)"费尔玛的根本立场是'人是生而不自由的'，这就是他的绝对君主制所赖以建立的基础。"(同上，第6节)——译注

② 卢梭《爱弥儿》第1章："无论何物，只要出于自然的创造，都是好的，一经人手就变坏了"；又："我们所有的智慧，都脱不了奴隶的偏见。我们所有的习惯都在奴役我们，束缚我们，压制我们。文明人从生到死都脱不了奴隶的羁绊。"——译注

③ 可参看本书第1卷，第3章。——译注

而是建立在约定之上的。[1] 问题在于要懂得这些约定是什么。但是在谈到这一点之前,我应该先确定我所要提出的东西。

第二章 论原始社会[2]

一切社会之中最古老的而又唯一自然的社会,就是家庭。然而孩子也只有在需要父亲养育的时候,才依附于父亲。这种需要一旦停止,自然的联系也就解体。孩子解除了他们对于父亲应有的服从,父亲解除了他们对于孩子应有的照顾以后,双方就都同等地恢复了独立状态。如果他们继续结合在一起,那就不再是自然的,而是志愿的了;这时,家庭本身就只能靠约定来维系。[3]

这种人所共有的自由,乃是人性的产物。人性的首要法则,是要维护自身的生存,人性的首要关怀,是对于其自身所应有的关怀;而且,一个人一旦达到有理智的年龄,可以自行判断维护自己生存的适当方法时,他就从这时候起成为自己的主人。

因而,我们不妨认为家庭是政治社会的原始模型:首领就是父亲的影子,人民就是孩子的影子;并且,每个人都生而自由、平

---

① 关于卢梭以前社会契约的理论,可参看霍布斯《利维坦》第 2 部,第 13—14 章;洛克《政府论》第 2 卷,第 2、第 8 章。卢梭《山中书简》第 6 书:"尤其洛克,是以完全和我一样的原则处理了和我一样的题材。"本书第 4 卷,第 8 章:"霍布斯所以被人憎恶,倒不在于他政治理论中的可怕的和错误的东西,反而在于其中的正确的与真实的东西。"——译注

② 《日内瓦手稿》的第二章为"论普遍的人类社会",正本删去了这一章。可参见本书附录。——译注

③ 此处初稿尚有如下的话:"因而城邦的社会纽带就确实既不可能、也不应该是由家庭的纽带扩大而形成的,也不是根据同样的模式。"——译注

等,他只是为了自己的利益,才会转让自己的自由。全部的区别就在于:在家庭里,父子之爱就足以报偿父亲对孩子的关怀了;但是在国家之中,首领对于他的人民既然没有这种爱,于是发号施令的乐趣就取而代之。①

格劳秀斯② 否认人类一切权力都应该是为了有利于被统治者而建立的。他引了奴隶制为例。他最常用的推论方式,一贯都是凭事实来确定权利。③ 人们还可以采取另一种更能自圆其说的方法,但也不见得对于暴君就更为有利。

按格劳秀斯的说法,④ 究竟全人类是属于某一百个人的,抑或那一百个人是属于全人类的,仍然是个疑问;而且他在他的全书里似乎是倾向于前一种见解的;而这也正是霍布斯⑤ 的看法。这

① 《日内瓦手稿》:"父亲的义务是受他的天然感情所支配的,并且采取的是他不大能不服从的方式。首领则根本就没有这样的规律。首领对于各个人远远没有什么天然的兴趣;但他要在各个人的悲惨处境里面去寻求自己的利益,却不是很少见的事。……要做得恰到好处,父亲只需问问自己的内心。首领要是倾听自己的内心,那他就会变成叛国贼了。"——译注

② 格劳秀斯(H. Grotius,1583—1645),荷兰法学家,此处所指,见格劳秀斯:《战争与和平法》(1625),第 1 卷,第 5 章。——译注

③ "对公法的学术研究往往无非是古人们滥用权力的历史罢了;过分费力地从事这些研究,徒然会使人头脑发昏。"(见阿冉松[D'Angenson,于 1744—47 年间任法国外交大臣——译者]侯爵著:《论法国与其邻国关系的利益》,阿姆斯特丹,雷伊版)格劳秀斯所做的,却正是如此。

④ 格劳秀斯《战争与和平法》第 1 卷,第 3 章:"一个民族完全放弃自己的主权并把它交给某一个人,是有着各种理由的:例如,当看到自己受着死亡的威胁而又找不到任何人能在别的条件之下保卫他们的时候,或者是受着缺匮的压迫而只剩下一点难以自存的物资的时候。"又:"有些政府可以是为了国王的利益而建立的,例如那些作为是胜利的成果的政府,……有些政府可以既是为了统治者的利益,又是为了被统治者的利益而建立的,例如当一个无力自保的民族拥戴一个强而有力的国王的时候。因此,我不否认在大多数的政府之下是要直接考虑被统治者的利益的;但是并不能由此就推论说,人民高于国王。"——译注

⑤ 霍布斯(T. Hobbes,1588—1679),英国哲学家,社会契约论的早期代表人之一。——译注

样,人类便被分成一群群的牛羊,每一群都有它自己的首领,[①]首领保护他们,就是为了要吃掉他们。

正犹如牧羊人的品质高于羊群的品质,作为人民首领的人类牧人,其品质也就同样地高于人民的品质。据费龙[②]的记载,卡里古拉皇帝[③]便是这样推理的;他从这种类比竟然做出结论说:君王都是神明,或者说,人民都是畜牲。[④]

这位卡里古拉的推论又复活成为霍布斯和格劳秀斯两人的推论。亚里士多德早在他们之前也曾说过,[⑤]人根本不是天然平等的,而是有些人天生是做奴隶的,另一些人天生是来统治的。

亚里士多德是对的,然而他却倒果为因了。凡是生于奴隶制度之下的人,都是生来做奴隶的;这是再确凿不过的了。奴隶们在枷锁之下丧失了一切,甚至丧失了摆脱枷锁的愿望;他们爱他们自己的奴隶状态,有如优里赛斯[⑥]的同伴们爱他们自己的畜牲状态一样。[⑦] 因而假如真有什么天然的奴隶的话,那只是因为已

① 按,柏拉图在《政治篇》中曾把国王比做牧人。——译注

② 费龙(Philon,即 Philo),公元一世纪时亚历山大城的犹太哲学家;公元 39—40 年曾出使罗马见过卡里古拉。——译注

③ 卡里古拉(Caligula),公元 37—41 年罗马皇帝。——译注

④ 在《纽沙代尔手稿》中,此处尚有如下的话:“卡里古拉说,因为领导羊群的人并不是畜牲而是人,所以统治人民的人就必定不是简单的人而是神。所以畜牲就只能盲目地使自己的意志屈从于一个人的意志。见费龙,出使记。”——译注

⑤ 见亚里士多德《政治论》第 1 卷,第 1 章。——译注

⑥ 优里赛斯(Ulysse,即 Ulysses)为希腊史诗《奥德赛》(*Odyssée*,即 *Odysseus*)中的英雄,他的同伴们在归途中遇险,被变为猪。——译注

⑦ 见普鲁塔克❶的一篇短论,题名为《假如动物运用理性》。

❶普鲁塔克(Plutarque,即 Plutarchus,约 46—约 120),古希腊历史学家。卢梭自幼即喜读普鲁塔克《英雄传》,他的著作中所引用的古代史实大部分取材于普鲁塔克和马基雅维里(Machiavelli,1469—1527)两人。——译注

经先有违反了天然的奴隶。强力造出了最初的奴隶,他们的怯懦则使他们永远当奴隶。

我完全没有谈到亚当王[①]或者挪亚皇,也就是那划分了全世界的三大君王的父亲[②],虽然有人认为在他们的身上也可以看到像萨士林的儿子[③]一样的行为。我希望人们会感谢我的这种谦逊;因为,作为这些君主之一的一个直系苗裔,或许还是长房的后代,何以知道考订起族谱来,我就不会被发现是全人类合法的国王呢?无论如何,人们决不会不同意亚当曾是全世界的主权者,正如鲁滨逊[④]只要是他那荒岛上的唯一居民,便是岛上的主权者一样。并且这种帝国还有着这样的好处,即国君可以安享王位,无须害怕叛乱、战争或者谋篡。[⑤]

① 按圣经《旧约》《创世记》记载,亚当是上帝所创造的世界上最早的人。——译注

② 按圣经《旧约》《创世记》记载,洪水泛滥时,只有挪亚一家在方舟里躲避了洪水。"挪亚三个儿子的宗族,各随他们的支派立国,洪水以后,他们在地上分为邦国。"(《创世记》第10章,第32节)——译注

③ 按传说,萨士林曾与蒂但订约,生子之后,要亲自吃掉自己的儿子。后来,他的儿子朱庇特篡了他的位,并且把他驱逐出天堂。——译注

④ 鲁滨逊(Robinson)为英国小说家笛福(Defoe,1659—1731)所著小说《鲁滨逊漂流记》中的主角。鲁滨逊覆舟之后,漂流到一个荒岛上独自生活。关于卢梭对这本书的评价,见《爱弥儿》第3章。——译注

⑤ 以上系针对英国君权神授说的代表人费尔玛(R. Filmer,1653死)于1680年出版的《父权政治,一名国君的自然权利》一书中的论点。洛克《政府论》第1卷,第1章,第5节:"[费尔玛说]人不是生而自由的,所以就永远不能有选择统治者或统治形式的自由;君主们具有绝对的权力而且是神授的权利,因为奴隶们永远也不能有订约或同意的权利;亚当是绝对的国君,从此之后的一切君主都是如此。"——译注

第三章 论最强者的权利

即使是最强者也绝不会强得足以永远做主人，除非他把自己的强力转化为权利，把服从转化为义务。由此就得出了最强者的权利。这种权利表面上看来像是讥讽，但实际上已经被确定为一种原则了。可是，难道人们就不能为我们解释一下这个名词吗？强力是一种物理的力量，我看不出强力的作用可以产生什么道德。向强力屈服，只是一种必要的行为，而不是一种意志的行为；它最多也不过是一种明智的行为而已。在哪种意义上，它才可能是一种义务呢？

姑且假设有这种所谓的权利。我认为其结果也不外乎是产生一种无法自圆的胡说。因为只要形成权利的是强力，结果就会随原因而改变；于是，凡是凌驾于前一种强力之上的强力，也就接替了它的权利。只要人们不服从而能不受惩罚，人们就可以合法地不再服从；而且，既然最强者总是有理的，所以问题就只在于怎样做才能使自己成为最强者。然而这种随强力的终止便告消灭的权利，又算是一种什么权利呢？如果必须要用强力使人服从，人们就无须根据义务而服从了；因而，只要人们不再是被迫服从时，他们也就不再有服从的义务。可见权利一词，并没有给强力增添任何新东西；它在这里完全没有任何意义。

你应该服从权力。如果这就是说，应该向强力屈服，那么这条诫命虽然很好，却是多余的；我可以担保它永远都不会被人破坏的。一切权力都来自上帝，这一点我承认；可是一切疾病也都来自上帝。难道这就是说，应该禁止人去请医生吗？假如强盗在森林的角落里劫住了我，不仅是由于强力我必得把钱包交出来，而且如果我能藏起钱包来，我在良心上不是也要不得不把它交出来吗？因为毕竟强盗拿着的手枪也是一种权力啊。

那么，就让我们承认：强力并不构成权利，而人们只是对合法的权力才有服从的义务。这样，就总归要回到我的原始的问题上面来。

第四章 论奴隶制

既然任何人对于自己的同类都没有任何天然的权威，既然强力并不能产生任何权利，[①] 于是便只剩下来约定才可以成为人间一切合法权威的基础。

格劳秀斯说，[②] 如果一个个人可以转让自己的自由，使自己成为某个主人的奴隶；为什么全体人民就不能转让他们的自由，使自己成为某个国王的臣民呢？这里有不少含混不清的字样是需要解说的。让我们就举转让一词为例。转让就是奉送或者出卖。但一个使自己作另一个人的奴隶的人并不是奉送自己，他是出卖自己，至少也是为着自己活下去。可是全体人民为什么要出卖自己呢？国王远不能供养他的臣民，反而只能是从臣民那里取得他自身的生活供养；用拉伯雷[③] 的话来说，国王一无所有也是活不成

① 1750 年 1 月 30 日，卢梭《致伏尔泰书》："我崇拜自由。我对于统治和奴役是同样地憎恶。"——译注

② 见格劳秀斯《战争与和平法》第 1 卷，第 3 章；第 3 卷，第 8 章。——译注

③ 拉伯雷（Rabelais，约 1494—1533），法国作家，《巨人与巨人之子》的作者。此处所引，见该书第 2 卷，第 26 章。——译注

的。难道臣民在奉送自己人身的同时,又以国王也攫取他们的财产作为条件吗?我看不出他们还剩下有什么东西可保存的了。

有人说,专制主可以为他的臣民确保国内太平。就算是这样;但如果专制主的野心所引起的战争,如果专制主无餍的贪求,如果官吏的骚扰,这一切之为害人民更有甚于人民之间的纠纷的话,那么人民从这里面得到的是什么呢?如果这种太平的本身就是人民的一种灾难,那么人民从这里面又能得到什么呢?监狱里的生活也很太平,难道这就足以证明监狱里面也很不错吗?被囚禁在西克洛浦①的洞穴中的希腊人,在那里面生活得也很太平,可是他们只是在等待着轮到自己被吞掉罢了。②

说一个人无偿地奉送自己,这是荒谬的和不可思议的。这样一种行为是不合法的、无效的,就只因为这样做的人已经丧失了自己健全的理智。③ 说全国人民也都这样做,那就是假设举国皆狂了;而疯狂是不能形成权利的。

纵使每个人可以转让其自身,④他也不能转让自己的孩子。

① 西克洛浦(Cyclope,即 Cyclopeus),希腊神话中的巨人族。"希腊人"指优里赛斯的同伴们,他们在归途中为西克洛浦所囚禁。事见《奥德赛》第 9 章。——译注

② 洛克《政府论》,第 2 卷,第 18 章:"大与小之间、强与弱之间所能有的和平,就像是人们所想象的狼和羊之间的和平,羊只有和平地让自己被狼撕碎吞掉。"——译注

③ 《日内瓦手稿》:"有人说,根本不存在的东西就没有任何品质,所以新生的婴儿也就没有任何权利;从而他们的父母便可以为他们以及为父母自身而放弃权利,他们并不能有什么尤怨。为了驳斥如此之庸俗的诡辩,我们只需区别儿子所只能得之于父亲的权利,例如财产所有权,以及儿子所只能得之于自然的并得之于自己做人的品质的权利,例如自由,就够了。毫无疑问,根据理性的法则父亲可以转让前一种权利,父亲是这种权利唯一的所有者并且可以剥夺于他的孩子。然而另一种权利却不能同样如此,那种权利乃是大自然的直接赠与,因此没有任何人可以夺走。"——译注

④ 见洛克《政府论》第 2 卷,第 6 章。——译注

孩子们生来就是人，并且是自由的；他们的自由属于他们自己，除了他们自己而外，任何别人都无权加以处置。孩子在达到有理智的年龄以前，父亲可以为了他们的生存，为了他们的幸福，以孩子的名义订立某些条件；但是却不能无可更改地而且毫无条件地把他们奉送给人，因为这样一种奉送违反了自然的目的，并且超出了作父亲的权利。因此，要使一个专制的政府成为合法，就必须让每一个世代的人民都能做主来决定究竟是承认它还是否认它；但是，那样一来，这个政府也就不再成其为专制的了。

放弃自己的自由，就是放弃自己做人的资格，就是放弃人类的权利，甚至就是放弃自己的义务。对于一个放弃了一切的人，是无法加以任何补偿的。这样一种弃权是不合人性的；而且取消了自己意志的一切自由，也就是取消了自己行为的一切道德性。最后，规定一方是绝对的权威，另一方是无限的服从，这本身就是一项无效的而且自相矛盾的约定。[①] 对于一个我们有权向他索取一切的人，我们就并不承担任何义务；这难道不是清楚明白的事吗？难道这种既不等价又无交换的唯一条件，其本身不就包含着这种行为的无效性吗？因为，无论我的奴隶可以有什么样的权利反对我，既然他的一切都属于我所有，而且他的权利也就是我的权利；那么，这种我自己反对自己的权利，岂不是一句毫无意义的空话了吗？[②]

---

① 孟德斯鸠（Montesquieu，1689—1755）《论法的精神》第 15 卷，第 2 章：“出卖自己的公民资格是如此荒谬的一种行为，我们不能设想一个人会做出这种事情来。如果自由对买者是可以估价的话，它对于卖者却是无可估价的。”——译注

② 这里所指责的是霍布斯的见解，见霍布斯《利维坦》第 2 部，第 21 章。——译注

格劳秀斯和其他一些人，从战争里籀引出了这种所谓奴役权的另一个起源。[①] 照他们说，征服者有杀死被征服者的权利，[②]但被征服者可以以自己的自由为代价来赎取自己的生命；据说，这种约定似乎要更合法得多，因为它对双方都有利。

但是很显然，这种所谓杀死被征服者的权利，无论怎样都绝不会是战争状态的结果。唯其因为人类生存于原始独立状态的时候，彼此之间绝不存在任何经常性的关系足以构成和平状态或者战争状态；[③]所以他们就天然地绝不会彼此是仇敌。构成战争的，乃是物的关系而不是人的关系。既然战争状态并不能产生于单纯的人与人的关系，而只能产生于实物的关系；所以私人战争，或者说个人与个人之间的战争，就既不能存在于根本还没有出现固定财产权的自然状态之中，也不能存在于一切都处于法律权威之下的社会状态之中。

个人之间的殴斗、决斗或者冲突，这些行为根本不能构成一种状态。[④] 至于被法兰西国王路易第九[⑤]的敕令所认可、但被“上

① 见格劳秀斯《战争与和平法》，第 3 卷，第 7 章。——译注

② 孟德斯鸠《论法的精神》第 10 卷，第 3 章：“我们的公法学者总是假设有一种——我不知道是哪一种——杀死俘虏的权利。……显然的是，当完成征服之后，征服者就不再有杀人的权利，因为他已不再是处于自然防御或自存自保的情况之下了。”——译注

③ 霍布斯《利维坦》，第 13 章：“在人性之中，我们发现有三种主要的争执原因。一是竞争，二是猜疑，三是光荣。……因此，显然的是，当人们没有一个共同的权威使他们大家都畏惧的时候，他们就要处于那种被称为战争的状态了，而且这样的一种战争是每个人对每个人的战争。”洛克《政府论》，第 2 卷，第 2 章：“自然状态……既然大家都是平等的、独立的，所以就没有一个人应该伤害别人的生命、健康、自由和财产。”——译注

④ “状态”指战争状态。——译注

⑤ 法国国王路易第九（1226—1270 在位），即法国历史上的圣路易。——译注

帝的和平"[①]所悬为禁令的私人战争,那只是封建政府的滥用职权,它如果曾经是一种制度的话,也是一种违反自然权利原理并违反一切良好政体的荒谬的制度。

因此,战争绝不是人与人的一种关系,而是国与国的一种关系;在战争之中,个人与个人绝不是以人的资格,甚至于也不是以公民的资格,[②]而只是以兵士的资格,才偶然成为仇敌的;他们绝不是作为国家的成员,而只是作为国家的保卫者。[③] 最后,只要我们在性质不同的事物之间不可能确定任何真正关系的话,一个国家就只能以别的国家为敌,而不能以人为敌。

---

① 1035年教会规定每星期四至下星期一晨不得进行战争,称为"上帝的和平"。——译注

② 罗马人比世界上任何民族都更了解并且更尊重战争的权利;在这方面,他们是如此之慎重,以致一个公民未曾正式表示反抗敌人并且指名要反抗某个敌人之前,就不许作为志愿军而服兵役。小卡图起初曾参加波比里乌斯的军团,后来该军团改编,老卡图㊀就写信给波比里乌斯说,如果他仍然要他的儿子继续在手下服役的话,就必须让他重新进行一次战争宣誓;因为旧誓已经失效,所以他不能再向敌人拿起武器来。这个老卡图又写信给他的儿子要他当心,不要在未进行这种新的宣誓之前就参加战斗。我知道有人会以克鲁修姆之围㊁或其他一些个别的事例来反驳我;但我所引证的是法律,是惯例。罗马人是最不违反自己法律的人;并且也只有他们才有过这样好的法律。㊂

㊀老卡图(Caton,Le pére,即 Cato major,公元前235—前149),罗马政治活动家、演说家及作家。此处所述,事见西塞罗《道德论》,第1卷,第2章。——译注

㊁见李维(Tite-Live,即 Titus Livius,公元前59—公元17)《罗马史》,第5卷,第35—37章。——译注

㊂这一条原注系1782年版采自《纽沙代尔手稿》,1762年正本中没有这条注。——译注

③ 《日内瓦手稿》:"人天生是和平的、怯懦的,面临最小的危险时他的举动就是逃跑;只是由于习惯和经验,他才逐渐受到暴力的锻炼。荣誉、利益、偏见、复仇,这一切足以使他敢于不顾危险、不顾死亡的情感,在自然状态之中都与他无缘。只有在和别人结成社会以后,他才可能决定进攻别人;只有成为公民以后,他才变成兵士。……人与人之间的普遍战争是根本不存在的,人类的形成并不只是为了要互相毁灭。"——译注

这项原则也符合一切时代所确立的准则以及一切文明民族的经常实践。宣战不只是向国家下通告，而且尤其是向它们的臣民下通告。外国人，无论是国王，是个人或者是整个民族，不向君主宣战就进行掠夺、杀害或者抢劫臣民的，那就并不是敌人，而只是强盗。即使是在正式的战争中，一个公正的君主尽可以占有敌人国土上全部的公共所有物，但是他尊重个人的人身和财富；他尊重为他自己的权利所依据的那种权利。战争的目的既是摧毁敌国，人们就有权杀死对方的保卫者，只要他们手里有武器；可是一旦他们放下武器投降，不再是敌人或者敌人的工具时，他们就又成为单纯的个人，而别人对他们也就不再有生杀之权。有时候，不杀害对方的任何一个成员也可以消灭一个国家。战争决不能产生不是为战争的目的所必需的任何权利。这些原则并不是格劳秀斯的原则。① 这些原则不是以诗人的权威为基础，②而是得自事物的本性，并且是以理性为基础的。

至于征服权，则它除了最强者的法则而外，就没有任何别的基础。如果战争根本就没有赋予征服者以屠杀被征服的人民的权利；那么，这种他所并不具有的权利，就不能构成他奴役被征服者的权利的基础。唯有在不能使敌人成为奴隶的时候，人们才有杀死敌人的权利；因此，把敌人转化为奴隶的权利，就绝不是出自杀死敌人的权利。从而，使人以自己的自由为代价来赎取别人对之并没有任何权利的生命，那就是一场不公平的交易了。根据奴

① 见格劳秀斯《战争与和平法》，第3卷，第3章。——译注

② “以诗人的权威为基础”指格劳秀斯，格劳秀斯的著作中曾大量引证古代希腊、罗马的诗文。——译注

役权来确定生杀权，又根据生杀权来确定奴役权，这岂不是显然陷入一场恶性循环了吗？

纵使假定有这种可以杀死一切人的可怕的权利，我也认为一个由战争所造成的奴隶或者一族被征服的人民，除了只好是被迫服从而外，对于其主人也完全没有任何义务。征服者既然攫取了他的生命的等价物，所以对他根本就没有什么恩德；征服者是以对自己有利可图的杀人来代替了毫无所得的杀人。因此，征服者远远没有在强力之外获得任何权威，战争状态在他们之前依旧继续存在着；他们之间的关系，其本身就是战争的结果，而战争权的行使则是假设并不存在任何和平条约的。他们之间也曾有过一项约定；但是即使有过，这一约定也远非消灭战争状态，而只是假定战争状态的继续。[①]

于是，无论我们从哪种意义来考察事物，奴役权都是不存在的；不仅因为它是非法的，而且因为它是荒谬的，没有任何意义的。[②] 奴隶制[③]和权利，这两个名词是互相矛盾的，它们是互相排斥的。无论是一个人对一个人，或者是一个人对全体人民，下列的说法都是同样地毫无意义："我和你订立一个担负完全归你而利益完全归我的约定；只要我高兴的话，我就守约；而且只要我高兴的话；你也得守约。"

---

① 《纽沙代尔手稿》："由于主人对奴隶的关系的存在，他们便总是继续不断地处于战争状态之中，不管他们自己是怎样想法。"——译注

② 孟德斯鸠《论法的精神》第10卷，第3章："征服的目的是自存；奴役永远不能成为征服的目的，但有时它可能是求自存所必需的一种手段。在这种情形下，要使这种奴役成为永久性的，便是违反事物的本性了。"——译注

③ "奴隶制"有的版本作"奴隶"，此处据正本。——译注

第五章 论总需追溯到一个最初的约定

哪怕是我接受了以上我所曾反驳过的一切论点，专制主义的拥护者们也还是无法前进一步的。镇压一群人与治理一个社会，这两者之间永远有着巨大的差别。即使分散着的人们一一相继地被某个个人所奴役，无论他们的人数可能有多少，我在这里就只看到一个主人和一群奴隶，我根本没有看到人民和他们的首领；①那只是一种聚集，如果人们愿意这样称呼的话，而不是一种结合；这儿既没有公共幸福，也没有政治共同体。这个人，哪怕他奴役了半个世界，也永远只是一个个人；他的利益脱离了别人的利益，就永远只是私人的利益。如果这个人归于灭亡，他的帝国也就随之分崩离析，就像一棵橡树被火焚烧之后就消解而化为一堆灰烬一样。

格劳秀斯说，②人民可以把自己奉送给一位国王。然则，按照格劳秀斯的说法，在把自己奉送给国王之前，人民就已经是人民了。这一奉送行为的本身就是一种政治行为，它假设有一种公共的意愿。因此，在考察人民选出一位国王这一行为以前，最好还是先考察一下人民是通过什么行为而成为人民的。因为后一行为必然先于前一行为，所以它是社会的真正基础。

事实上，假如根本就没有事先的约定的话，除非选举真是全

① 这里所指责的是霍布斯的理论，可参看霍布斯《利维坦》第 2 部，第 18 章。——译注

② 见格劳秀斯《战争与和平法》第 3 卷，第 8 章。——译注

体一致的，不然，少数人要服从多数人的抉择这一义务又从何而来呢？同意某一个主人的一百个人，又何以有权为根本就不同意这个主人的另外十个人进行投票呢？多数表决的规则，其本身就是一种约定的确立，并且假定至少是有过一次全体一致的同意。①

第六章　论社会公约

我设想，人类曾达到过这样一种境地，当时自然状态中不利于人类生存的种种障碍，在阻力上已超过了每个个人在那种状态中为了自存所能运用的力量。② 于是，那种原始状态便不能继续维持；并且人类如果不改变其生存方式，③就会消灭。

然而，人类既不能产生新的力量，而只能是结合并运用已有的力量；所以人类便没有别的办法可以自存，除非是集合起来形成一种力量的总和才能够克服这种阻力，由一个唯一的动力把它们发动起来，并使它们共同协作。④

这种力量的总和，只有由许多人的汇合才能产生；但是，既然每个人的力量和自由是他生存的主要手段，他又如何能致身于力量的

---

① 本书第4卷，第2章："唯有一种法律，就其性质而言，必须要有全体一致的同意；那就是社会的公约。"卢梭《波兰政府论》第9章："根据社会的自然权利，政治体的形成必需全体一致。"——译注

② 《日内瓦手稿》："确实，人类精神所提供的只不外是一种纯粹的集体观念，这种观念并不以构成人类各个人之间的任何实际的结合为前提。"——译注

③ 1762年版作"不改变其生存方式"，1782年版作"不改变生存方式"。——译注

④ 卢梭《论人类不平等的起源和基础》第1部："随人类的发展，困难也就与之俱增，……人于是便与别人结合成群；……这就是人们之所以能不自觉地获得某种粗糙的相互订约的观念的由来。"——译注

总和，而同时既不至于妨害自己，又不至于忽略对自己所应有的关怀呢？这一困难，就我的主题而言，可以表述为下列的词句：

“要寻找出一种结合的形式，使它能以全部共同的力量来卫护和保障每个结合者的人身和财富，并且由于这一结合而使得每一个与全体相联合的个人又只不过是在服从其本人，并且仍然像以往一样地自由。”这就是社会契约[①]所要解决的根本问题。

这一契约的条款乃是这样地被订约的性质所决定，以至于就连最微小的一点修改也会使它们变得空洞无效；从而，尽管这些条款也许从来就不曾正式被人宣告过，然而它们在普天之下都是同样的，在普天之下都是为人所默认或者公认的。这个社会公约一旦遭到破坏，每个人就立刻恢复了他原来的权利，[②]并在丧失约定的自由[③]时，就又重新获得了他为了约定的自由而放弃的自己的天然的自由。[④]

这些条款无疑地也可以全部归结为一句话，那就是：每个结合者及其自身的一切权利全部都转让给整个集体。[⑤] 因为，首先，

① 此处“社会契约”初稿中作“国家的创制”；阿晒德(Hachette)版用斜体字大写，作《社会契约论》解，是错误的。——译注

② 《纽沙代尔手稿》：“归根到底，政治体既然只不过是一个道德人格，所以就只不过是一种思维中的存在。只要抽掉了公共约定，国家就会消灭而一点也不需要改变它的全部内容。……什么是向主权者宣战？那就是攻击公共约定以及由它所得出的一切；因为国家的本质就仅仅在于这一点。”——译注

③ 卢梭《山中书简》第 8 书：“自由不仅在于实现自己的意志，而尤其在于不屈服于别人的意志。自由还在于不使别人的意志屈服于我们的意志；如果屈服了，那就不是服从公约的法律了。做了主人的人，就不可能自由。”——译注

④ 《日内瓦手稿》：“使人们聚集的方法可以有千百种，但是使人们结合的方法却只有一种。因此，我在这里只叙述如何组织政治社会的方法。”——译注

⑤ 本书第 2 卷，第 4 章：“我们承认，每个人由于社会公约而转让出去的自己的一切权力、财富、自由，仅仅是全部之中其用途对于集体有重要关系的那部分。”——译注

每个人都把自己全部地奉献出来，所以对于所有的人条件便都是同等的，而条件对于所有的人既都是同等的，便没有人想要使它成为别人的负担了。

其次，转让既是毫无保留的，所以联合体也就会尽可能地完美，而每个结合者也就不会再有什么要求了。因为，假如个人保留了某些权利的话，既然个人与公众之间不能够再有任何共同的上级来裁决，而每个人在某些事情上又是自己的裁判者，那么他很快就会要求事事都如此；于是自然状态便会继续下去，[①]而结合就必然会转变为暴政或者是空话。

最后，每个人既然是向全体奉献出自己，他就并没有向任何人奉献出自己；[②]而且既然从任何一个结合者那里，人们都可以获得自己本身所渡让给他的同样的权利，所以人们就得到了自己所丧失的一切东西的等价物以及更大的力量来保全自己的所有。

因而，如果我们撇开社会公约中一切非本质的东西，我们就会发现社会公约可以简化为如下的词句：**我们每个人都以其自身及其全部的力量共同置于公意的最高指导之下，并且我们在共同体中接纳每一个成员作为全体之不可分割的[③]一部分。**

---

① 《爱弥儿》第1卷："在政治秩序之中而想保存天然的情感于首位的那些人，并不懂得他们想要的是什么。他们始终是在自相矛盾，他们将既不是人也不是公民。""最善于使人非自然化的、最能抽掉人的绝对生存并把自我转移到共同体之中的社会制度，才是最好的社会制度。"——译注

② 《纽沙代尔手稿》："人是自由的，尽管是屈服于法律之下。这并不是指服从某个个人，因为在那种情况下我所服从的就是另一个人的意志了，而是指服从法律，因为这时候我所服从的就只不过是既属于我自己所有、也属于任何别人所有的公共意志。一个主人可以允许这一个人而拒绝另一个人；反之，法律则不予以任何考虑，法律的条件对人人都是同等的，因此就既没有主人，也没有奴隶。"——译注

③ "不可分割的"，《日内瓦手稿》作"不可转让的"。——译注

只是一瞬间，这一结合行为就产生了一个道德的与集体的共同体，[1]以代替每个订约者的个人；[2]组成共同体的成员数目就等于大会中所有的票数，而共同体就以这同一个行为获得了它的统一性、它的公共的**大我**、它的生命和它的意志。这一由全体个人的结合所形成的公共人格[3]，以前称为**城邦**[4]，现在则称为**共和国**或**政治体**；当它是被动时，它的成员就称它为**国家**；当它是主动时，就称它为**主权者**；而以之和它的同类相比较时，则称它为**政权**。至于结合者，他们集体地就称为**人民**；个别地，作为主权权威的参与者，就叫做**公民**，作为国家法律的服从者，就叫做**臣民**。但

---

① 可参看本书第 2 卷，第 6 章。——译注

② 《爱弥儿》第 1 卷："自然人本身自成一个单位，他是整数，是绝对的整体，他只对他自己或他的同类才具有比例关系。政治人则只不过是一个分数，他有赖于分母；他的价值就在于他对全体、也就是对社会体的比例关系。"——译注

③ 《纽沙代尔手稿》："什么是公共人格？我回答说，它就是人们所称之为主权者的、由社会公约赋之以生命而其全部的意志就叫作法律的那个道德人格。"——译注

④ 这个名词的真正意义，在近代人中间几乎完全消失了：大多数人都把城市认为是城邦，把市民认为是公民。他们不知道构成城市的是家庭，而构成城邦的是公民。正是这种错误昔日曾使得迦太基人付出过惨重的代价。❶我从不曾看到过 cives（公民）这个称号是可以赋予任何君主之下的臣民的，即使对古代的马其顿人或者今天的英国人也是不可以的，尽管他们比其他一切人都更接近于自由。只有法国人到处滥用**公民**这个名字，因为他们对这个名字并没有任何真正的观念，这从他们的词典里就可以看得出来，不然的话，他们就要犯大逆不道的谋篡罪了。这个名词在法国人仅表示一种德行，而不是一种权利。当博丹❷想要论述我们的公民与市民的时候，他却误此为彼，因而造成了大错。达朗贝❸先生没有陷入这种错误，并且在他的《日内瓦》一条里，很好地区别了我们城市之中所有的四等人（或者五等人❹，如果算上纯粹的异邦人的话），而其中组成共和国的则只有两等人。就我所知，没有别的法国作家是了解**公民**这个名词的真正意义的。

❶这里可能是指迦太基人采用了雇佣兵制。——译注

❷博丹（J. Bodin，1530—1596），法国作家，著有《共和国论》（1576）。——译注

❸达朗贝（D'Alembert，1717—1783），法国数学家、思想家，与狄德罗共同主持《百科全书》的编纂工作。《日内瓦》系达朗贝为《百科全书》所写的一个条目。——译注

❹在《山中书简》序言的"日内瓦宪法表"中，"五等"作"六等"。可参看本书第 4 卷，第 3 章。——译注

是这些名词往往互相混淆，彼此通用；只要我们在以其完整的精确性使用它们时，知道加以区别就够了。

第七章 论主权者

从上述公式①可以看出，结合的行为②包含着一项公众与个人之间的相互规约；每个个人在可以说是与自己缔约时，都被两重关系所制约着：即对于个人，他就是主权者的一个成员；而对于主权者，他就是国家的一个成员。但是在这里却不适用民法上的那条准则，即任何人都无需遵守本人对自己所订的规约；因为自己对自己订约，和自己对自己只构成其中一部分的全体订约，这两者之间是大有区别的。

还必须指出：由于对每个人都须就两重不同的关系加以考虑的缘故，所以公众的决定可以责成全体臣民服从主权者，然而却不能以相反的理由责成主权者约束其自身；因此，主权者若是以一种为他自己所不得违背的法律来约束自己，那便是违反政治共同体的本性了。既然只能就唯一的同一种关系来考虑自己，所以就每个个人而论也就是在与自身订约；由此可见，并没有而且也不可能有任何一种根本法律是可以约束人民共同体的，③哪怕是

① 指上一章中社会公约的公式。——译注

② "结合的行为"，《日内瓦手稿》作"原始联盟的行为"。——译注

③ 《论人类不平等的起源和基础》第2部："由于契约的性质，我们便可以看出，它不会是不可更改的；因为如果没有更高的权力可以保证缔约者的忠诚，可以迫使他们履行相互间的允诺的话，那么双方自己便是自己案件的裁判者——任何一方总是有权撤销契约的。"——译注

社会契约本身[1]。这并不是说，这一共同体在绝不损害这一契约的条件之下也不能与外人订约了；因为就其对外而论，它仍是一个单一体，是一个个体。

但是政治共同体或主权者，其存在既然只是由于契约的神圣性，所以就绝不能使自己负有任何可以损害这一原始行为的义务，纵使是对于外人也不能；比如说，转让自己的某一部分，或者是使自己隶属于另一个主权者。破坏了那种它自己所赖以存在的行为，也就是消灭了自己，而并不存在的东西是不能产生出任何东西来的。

一旦人群这样地结成了一个共同体之后，侵犯其中的任何一个成员就不能不是在攻击整个的共同体；而侵犯共同体就更不能不使得它的成员同仇敌忾。[2] 这样，义务和利害关系就迫使缔约者双方同样地要彼此互助，而同是这些人也就应该力求在这种双重关系[3]之下把一切有系于此的利益都结合在一起。

再者，主权者既然只能由组成主权者的各个人所构成，所以主权者就没有、而且也不能有与他们的利益相反的任何利益；因此，主权权力就无需对于臣民提供任何保证，因为共同体不可能想要损害它的全体成员；[4]而且我们以后还可以看到，[5]共同体也

① “哪怕是社会契约本身”，《日内瓦手稿》中没有这几个字。可参看本书，第 2 卷，第 4 章；又，《论人类不平等的起源和基础》第 2 部。——译注

② 《日内瓦手稿》此下尚有：“因为除了他们所参与的共同生命而外，每个人自己在主权者实际上所并未加以安排的那些部分就都冒有危险，并且除非是受公共的保护就不会享有安全。”——译注

③ “双重关系”指义务与利害关系。——译注

④ 可参看本书第 1 卷，第 6 章。——译注

⑤ 见本书第 2 卷，第 4 章。——译注

不可能损害任何个别的人。主权者正由于他是主权者，便永远都是他所当然的那样。

但是，臣民对于主权者的关系却不是这样的，尽管有着共同的利益，但是如果主权者没有办法确保臣民的忠诚，那么就没有任何东西可以保证臣民履行规约。

事实上，每个个人作为人来说，可以具有个别的意志，而与他作为公民所具有的公意相反或者不同。① 他的个人利益对他所说的话，可以完全违背公共利益；他那绝对的、②天然独立的生存，可以使他把自己对于公共事业所负的义务看作是一种无偿的贡献，而抛弃义务之为害于别人则会远远小于因履行义务所加给自己的负担。而且他对于构成国家的那种道德人格，也因为它不是一个个人，就认为它只不过是一个理性的存在；于是他就只享受公民的权利，而不愿意尽臣民的义务了。这种非正义长此以往，将会造成政治共同体的毁灭的。

因而，为了使社会公约不至于成为一纸空文，③它就默契地包含着这样一种规定——唯有这一规定才能使得其他规定具有力量——即任何人拒不服从公意的，全体就要迫使他服从公意。这

---

① 关于作者所说的四种意志，即个别意志（volonté particulière）、团体（共同体）意志（volonté de corps）、众意（volonté de tous）和公意（volonté générale），可参看本书，第1卷，第6章；第2卷，第1、3章；第3卷，第15章。——译注

② “绝对”指自然状态中的自由。——译注

③ 《日内瓦手稿》此处作：“因而，为了使社会公约不至于成为一纸空文，就必须使主权者在每个人的同意而外，还得具有他们对公共事业效忠的某些保证。这些保证的第一步，通常就是宣誓。然而由于它是从全然不同的另一种秩序中得出来的，并且每个人又可以按照自己内心的准则随心所欲地修改自己所负担的义务；所以人们在政治体制中就很少依赖于这一点，而是更有理由要重视从事物本身之中所得出来的那些更为现实的安全保证。”——译注

恰好就是说，人们要迫使他自由；因为这就是使每一个公民都有祖国，从而保证他免于一切人身依附的条件，这就是造成政治机器灵活运转的条件，并且也唯有它才是使社会规约成其为合法的条件；没有这一条件；社会规约便会是荒谬的、暴政的，并且会遭到最严重的滥用。

第八章　论社会状态

由自然状态进入社会状态，人类便产生了一场最堪瞩目的变化；在他们的行为中正义就取代了本能，而他们的行动也就被赋予了前此所未有的道德性。[①]唯有当义务的呼声代替了生理的冲动，权利代替了嗜欲的时候，此前只知道关怀一己的人类才发现自己不得不按照另外的原则行事，并且在听从自己的欲望之前，先要请教自己的理性。[②]虽然在这种状态中，他被剥夺了他所得之于自然的许多便利，然而他却从这里面重新得到了如此之巨大的收获；他的能力得到了锻炼和发展，他的思想开阔了，他的感情高尚了，他的灵魂整个提高到这样的地步，以至于——若不是对新处境的滥用使他往往堕落得比原来的出发点更糟的话——对于从此使得他永远脱离自然状态，使他从一个愚昧的、局限的动物一变而为一个有智慧的生物，一变而为一个人的那个幸福的时刻，

① 可参看《爱弥儿》第4卷。——译注

② 可参看本书，第2卷，第6章。——译注

他一定会是感恩不尽的。[①]

现在让我们把整个这张收支平衡表简化为易于比较的项目吧:人类由于社会契约而丧失的,乃是他的天然的自由以及对于他所企图的和所能得到的一切东西的那种无限的权利;而他所获得的,乃是社会的自由以及对于他所享有的一切东西的所有权。为了权衡得失时不至于发生错误,我们必须很好地区别仅仅以个人的力量为其界限的自然的自由,和被公意所约束着的社会的自由;并区别仅仅是由于强力的结果或者是最先占有权而形成的享有权,和只能是根据正式的权利而奠定的所有权。

除上述以外,我们还应该在社会状态的收益栏内再加上道德的自由,[②]唯有道德的自由才使人类真正成为自己的主人;因为仅只有嗜欲的冲动便是奴隶状态,而唯有服从人们自己为自己所规定的法律,才是自由。然而关于这一点,我已经谈论得太多了,而且**自由**一词的哲学意义,在这里也不属于我的主题之内。

① 布拉玛奇(J. Burlamaqui,1694—1748)《政治权利原理》(1751):"政治的自由要远远优越于自然的自由;因此,产生了政治自由的政治状态,乃是人类一切状态中最完美的状态,而且确切地说,还是人类最自然的状态。"——译注

② 《论人类不平等的起源和基础》,第1部:"我们可以说野蛮人并不是邪恶的,正因为他们不知道什么是善;因为防止他们作恶的既不是知识的发达,也不是法律的限制,而只是感情的平静与对罪恶的无知。"又卢梭《水仙集序言》:"德行与邪恶两个名词乃是以集体为对象的概念,是只有通过人们的频繁接触才能产生的。"——译注

第九章 论财产权[①]

集体的每个成员，在形成集体的那一瞬间，便把当时实际情况下所存在的自己——他本身和他的全部力量，而他所享有的财富也构成其中的一部分——献给了集体。这并不是说，由于这一行为，享有权便在转手之际会改变性质而成为主权者手中的所有权；然而城邦的力量既是无可比拟地要大过于个人的力量，所以公共的享有虽然没有更大的合法性——至少对于外邦人是如此——但在事实上却更为强而有力和更为不可变更。因为就国家对它的成员而言，国家由于有构成国家中一切权利的基础的社会契约，便成为他们全部财富的主人；但就国家对其他国家而言，而国家只是由于它从个人那里所得来的最先占有者的权利，才成为财富的主人的。

最初占有者的权利，虽然要比最强者的权利更真实些，但也唯有在财产权确立之后，才能成为一种真正的权利。每个人都天然有权取得为自己所必需的一切；但是使他成为某项财富的所有者这一积极行为，便排除了他对其余一切财富的所有权。他的那份一经确定，他就应该以此为限，并且对集体不能再有任何更多的权利。这就是何以原来在自然状态中是那样脆弱的最初占有者的权利，却会备受一切社会人尊敬的缘故了。人们尊重这种权

① 卢梭《政治经济学》："财产是政治社会的真正基础，是公民订约的真正保障。"——译注

利的,更多地倒是并不属于自己所有的东西,而是属于别人所有的东西。

一般说来,要认可对于某块土地的最初占有者的权利,就必须具备下列的条件:首先,这块土地还不曾有人居住;其次,人们只能占有为维持自己的生存所必需的数量;第三,人们之占有这块土地不能凭一种空洞的仪式,而是要凭劳动与耕耘,这是在缺乏法理根据时,所有权能受到别人尊重的唯一标志。

事实上,根据需要与劳动授最初占有者以权利,不就已经把这种权利扩展到最大可能的限度了吗?难道对于这一权利可以不加限制吗?难道插足于一块公共的土地之上,就足以立刻自封为这块土地的主人了吗?难道由于有力量把别人从这块土地上暂时赶走,就足以永远剥夺别人重新回来的权利了吗?一个人或者一个民族若不是用该受惩罚的篡夺手段——因为他们对其他的人夺去了大自然所赋给大家的共同居住地和生活品——又怎么能够攫取并剥夺全人类的广大土地呢?当努涅兹·巴尔波[①]在海边上以卡斯提王冕的名义宣布占领南太平洋和整个南美洲的时候,难道这就足以剥夺那里全体居民的土地并把全世界的君主都排斥在外了吗?然而就在这个立足点上,这种仪式却枉然无益地一再为人们所效颦;而那位天主教的国王[②]在他的暖阁里只消一举就占有了全世界,只要随后把别的君主已经占有的地方划入他自己的帝国版图就行了。

① 巴尔波(Nunez Balbao,1475—1517),西班牙航海家,于1513年发现南美洲及太平洋,并以卡斯提王斐迪南第五(1474—1516)的名义宣布占有。——译注

② 指卡斯提王斐迪南第五。——译注

我们可以想象,各个人相毗邻的和相接壤的土地是怎样变成公共的土地的,以及主权权利从臣民自身扩大到臣民所占有的土地时,又怎样变成为既是对于实物的而同时又是对于人身的权利;这就使得土地占有者们陷于更大的依附地位,并且把他们力量的本身转化为使他们效忠的保证。这种便宜似乎古代的国君们并不曾很好地感觉到,他们仅只称为波斯人的王、塞种人[①]的王或是马其顿人的王,好像他们只不过自认为是人民的首领而不是国土的主人。今天的国王们就聪明得多地自称为法兰西王、西班牙王、英格兰王,等等;这样,他们就既领有土地,同时又确实领有土地上的居民。

这种转让所具有的唯一特点就是:集体在接受个人财富时远不是剥夺个人的财富,而只是保证他们自己对财富的合法享有,使据有[②]变成为一种真正的权利,使享用变成为所有权。于是享有者便由于一种既对公众有利、但更对自身有利的割让行为而被人认为是公共财富的保管者,他们的权利受到国家全体成员的尊重,并受到国家的全力保护以防御外邦人;所以可以说,他们是获得了他们所献出的一切。只要区别了主权者与所有者对同一块地产所具有的不同权利,这个两难推论是不难解释的,这一点我们在后面就可以看到。[③]

也可能有这种情形:人们在尚未享有任何土地之前,就已开

① 塞种人(Scythes)或译西徐亚人,为古代欧亚草原上的游牧部族。——译注

② “据有”原文为 usurpation,通常作篡夺解。此词源出拉丁文 usurpare,指因使用或占有而在事实上据有某物。这里是在词源的意义上使用这个词的。——译注

③ 见本书第 2 卷,第 4 章。——译注

始相结合了，然后再去占据一块足敷全体之用的土地；他们或是共同享用这块土地，或是彼此平分或按主权者所规定的比例来加以划分。无论用什么方式进行这种占领，各个人对于他自己那块地产所具有的权利，都永远要从属于集体对于所有的人所具有的权利；没有这一点，社会的联系就不能巩固，而主权的行使也就没有实际的力量。

我现在就要指出构成全部社会体系的基础，以便结束本章与本卷：那就是，基本公约并没有摧毁自然的平等，反而是以道德的与法律的平等来代替自然所造成的人与人之间的身体上的不平等；[①]从而，人们尽可以在力量上和才智上不平等，但是由于约定并且根据权利，他们却是人人平等的。[②]

① 《论人类不平等的起源和基础》“前言”：“我认为人类中间有两种不平等：一种我称之为自然的或身体上的不平等，因为它是被自然所确定的，包括年龄、健康、体力与精神或心灵的品质之不同；另一种可以称之为道德的或政治上的不平等，因为它必须有赖于某种约定，而且是由于人们的同意而确定下来的，或者至少是被人们的同意所认可的。”——译注

② 在坏政府的下面，这种平等只是虚有其表；它只能保持穷人处于贫困，保持富人处于占有。事实上，法律总是有利于享有财富的人，而有害于一无所有的人；由此可见，唯有当人人都有一些东西而又没有人能有过多的东西的时候，社会状态才会对人类有益。

第　二　卷

第一章　论主权是不可转让的

以上所确立的原则之首先的而又最重要的结果，便是唯有公意才能够按照国家创制的目的，即公共幸福，来指导国家的各种力量；因为，如果说个别利益的对立使得社会的建立成为必要，那么，就正是这些个别利益的一致才使得社会的建立成为可能。正是这些不同利益的共同之点，才形成了社会的联系；如果所有这些利益彼此并不具有某些一致之点的话，那么就没有任何社会可以存在了。因此，治理社会就应当完全根据这种共同的利益。

因此我要说：主权既然不外是公意的运用，所以就永远不能转让；并且主权者既然只不过是一个集体的生命，所以就只能由他自己来代表自己；权力可以转移，但是意志却不可以转移。[①]

① 《山中书简》第6书："是什么使得国家成为统一体的？那就是它的成员的结合。它的成员的结合又从何而来？那就来自把他们联系在一起的义务。而什么是这种义务的基础呢？在这一点上，作者们就意见分歧了。有人认为是强力，又有人认为是父权，还有人认为是天意。每个人都树立了自己的原则并攻击别人的原则。我自己也不例外。我提出，国家成员之间的约定乃是政治共同体的基础。……因为人与人之间的义务，还能有什么基础比他们相互之间的自由缔约更为确切不移的呢？可是这一约定的性质又是怎样的呢？""社会契约的成立乃是一种特殊的公约，由于这一公约每个个人就和所有的人订了约，由此也就产生了所有的人对每个人的反约；这就是结合

事实上，纵使个别意志与公意在某些点上互相一致并不是不可能的，然而至少这种一致若要经常而持久却是不可能的；因为个别意志由于它的本性就总是倾向于偏私，而公意则总是倾向于平等。人们要想保证这种一致，那就更加不可能了，即使它总该是存在着的；那却不会是人为的结果，而只能是机遇的结果。主权者很可以说，“我的意图的确就是某某人的意图，或者至少也是他自称是他所意图的东西”；但是主权者却不能说，“这个人明天所将意图的，仍将是我的意图”，因为意志使自身受未来所束缚，这本来是荒谬的，同时也因为并不能由任何别的意志来许诺任何违反原意图者自身幸福的事情。因此，如果人民单纯是诺诺地服从，那么，人民本身就会由于这一行为而解体，就会丧失其人民的品质；只要一旦出现一个主人，就立刻不再有主权者了，并且政治体也从此就告毁灭。[①]

这绝不是说，首领的号令，在主权者有反对它的自由而并没有这样做的时候，也不能算是公意了。在这样的情况下，普遍的缄默就可以认为是人民的同意。这一点，下面还要详加解说。[②]

的直接目的。我所谓这一订约是一种特殊的订约，就在于它是绝对的、无条件的、无保留的，它永远不可能是不正义的或者为人所滥用，因为共同体不可能想要伤害它自己，而全体也只能是为着全体。它之所以是一种特殊的订约，还在于它把订约者联系在一起，使他们不受役于任何人，而且在以他们的唯一意志为律令的时候，它还使他们仍然一如既往那样地自由。从而，大家的意志就是至高无上的秩序与律令；而这一普遍的、人格化了的律令，就是我所称为的主权者。由此可见，主权是不可分割的、不可转让的，而且它在本质上就存在于共同体的全体成员之中。”——译注

① 可参看本书第3卷，第15章。——译注

② 见本书第3卷。又，可参看洛克《政府论》第2卷，第12章。——译注

第二章 论主权是不可分割的

由于主权是不可转让的，同理，主权也是不可分割的。因为意志要么是公意，[①]要么不是；它要么是人民共同体的意志，要么就只是一部分人的。在前一种情形下，这种意志一经宣示就成为一种主权行为，并且构成法律。在第二种情形下，它便只是一种个别意志或者是一种行政行为，至多也不过是一道命令而已。

可是，我们的政论家们既不能从原则上区分主权，于是便从对象上区分主权：[②]他们把主权分为强力与意志，分为立法权力与行政权力，分为税收权、司法权与战争权，分为内政权与外交权。[③]他们时而把这些部分混为一谈，时而又把它们拆开。他们把主权者弄成是一个支离破碎拼凑起来的怪物；好像他们是用几个人的肢体来凑成一个人体的样子，其中一个有眼，另一个有臂，另一个又有脚，都再没有别的部分了。据说日本的幻术家能当众把一个孩子肢解，把他的肢体一一抛上天空去，然后就能再掉下一个完整无缺的活生生的孩子来。这倒有点像我们政论家们所玩的把戏了，他们用的不愧是一种江湖幻术，把社会共同体加以肢解，随后不知怎么回事又居然把各个片断重新拼凑在一起。

① 意志要成为公意，并不永远需要它是全体一致的，但必须把全部票数都计算在内；任何形式的例外都会破坏它的公共性。

② 见孟德斯鸠《论法的精神》第 11 卷，第 6 章。——译注

③ 《山中书简》第 7 书：“根据社会契约所奠定的原则，我们就可以看出：和通常的见解正好相反，国与国之间的联盟、宣战与媾和都不是主权的行为，而是政府的行为；并且这种思想是符合最能理解政治权利原理的那些民族的习惯的。”——译注

这一错误出自没有能形成对主权权威的正确概念,出自把仅仅是主权权威所派生的东西误以为是主权权威的构成部分。例如,人们就这样把宣战与媾和的行为认为是主权的行为;其实并不如此,因为这些行为都不是法律而只是法律的应用,是决定法律情况的一种个别行为。只要我们把法律一词所附有的观念确定下来,就会很明显地看出这一点。

在同样考察其他分类时,我们就会发现,每当人们自以为看出了主权是分立的,他们就要犯错误;而被人认为是主权各个部分的那些权利都只是从属于主权的,并且永远要以至高无上的意志为前提,那些权利都只不过是在执行最高意志而已。

当研究政治权利的作家们,想要根据他们已经确定的原则来判断国王与人民的相应权利时,我们简直无法述说这种缺乏确切性的结果给他们的种种论断造成了怎样的含混不清。每个人都可以看出在格劳秀斯的著作的第一卷,第三、第四两章中,这位渊博的学者以及该书的译者巴贝拉克[①]是怎样地纠缠于并迷失在自己的诡辩之中的;他们唯恐把自己的见解说得太多或者太少,并唯恐冒犯了他们所要加以调和的各种利益。[②] 格劳秀斯不满意自己的祖国,逃亡到法国;他有意讨好路易十三,[③]他的书就是献给路易十三的,所以他不遗余力地要剥夺人民的一切权利,并且想尽种种办法要把它们奉献给国王。这一定也投合了巴贝拉克的

① “格劳秀斯的著作”指《战争与和平法》。此书的法文译本于 1746 年出版,译者是巴贝拉克(J. Barbeyrac,1674—1744)。——译注

② 此处指格劳秀斯《战争与和平法》第 2 卷,第 3 章。——译注

③ 路易十三(1610—1643 在位),法国国王。——译注

胃口，巴贝拉克是把自己的译书献给英王乔治第一①的。然而不幸雅各第二②的被逐——他是称之为逊位的——使他不得不小心谨慎，回避要害，含糊其辞，以免把威廉③弄成是个篡位者。假如这两位作家能采取真正的原则的话，一切难题就都可以迎刃而解，而他们也就可以始终一贯了。他们本该是忍痛说出真理来的，他们本该是只求讨好于人民的。然而，真理却毕竟不会使他们交好运，而人民也不会给他们以大使头衔或教授讲席或高薪厚俸的。

第三章　公意是否可能错误

由以上所述，可见公意永远是公正的，而且永远以公共利益为依归；但是并不能由此推论说，人民的考虑也永远有着同样的正确性。人们总是愿意自己幸福，但人们并不总是能看清楚幸福。人民是决不会被腐蚀的，但人民却往往会受欺骗，而且唯有在这时候，人民才好像会愿意要不好的东西。

众意与公意之间经常总是有很大的差别；④公意只着眼于公共的利益，而众意则着眼于私人的利益，众意只是个别意志的总和。但是，除掉这些个别意志间正负相抵消的部分⑤而外，则剩下的总和仍然是公意。

---

① 乔治第一(1714—1727 在位)，英国国王。——译注

② 即詹姆斯第二(1685—1688 在位)，英国国王。1688 年“光荣革命”，国会拥奥兰治·威廉取代詹姆斯第二为英国国王。——译注

③ 即威廉第三(1688—1702 在位)，英国国王。——译注

④ 这句话作者最初写作：“公意也就是众意，这是极其罕见的事。”——译注

⑤ 阿冉松侯爵说：“每种利益都具有不同的原则。两种个别利益的一致是由于与第三种利益相对立而形成的。”❶他还可以补充说，全体的利益一致是由于与每个人

如果当人民能够充分了解情况并进行讨论时,公民彼此之间又没有任何勾结;那么从大量的小分歧中总可以产生公意,而且讨论的结果总会是好的。但是当形成了派别的时候,形成了以牺牲大集体为代价的小集团的时候,每一个这种集团的意志对它的成员来说就成为公意,而对国家来说则成为个别意志;这时候我们可以说,投票者的数目已经不再与人数相等,而只与集团的数目相等了。分歧在数量上是减少了,而所得的结果却更缺乏公意。最后,当这些集团中有一个是如此之大,以至于超过了其他一切集团的时候,那么结果你就不再有许多小的分歧的总和,而只有一个唯一的分歧;这时,就不再有公意,而占优势的意见便只不过是一种个别的意见。

因此,为了很好地表达公意,最重要的就是国家之内不能有派系存在,并且每个公民只能是表示自己的意见。①伟大的莱格古士②的独特而高明的制度便是如此。但如果有了派系存在的话,

的利益相对立而形成的。如果完全没有不同的利益,那么,那种永远都碰不到障碍的共同利益,也就很难被人感觉到;一切都将自行运转,政治也就不成其为一种艺术了。

❶此处引文见阿冉松《法国古代与近代政府论》第2章;引文中的“相对立”原文作“相反的理由”。——译注

① 马基雅维里说:“Vera cosa é che alcuni divisioni nuocono alle republiche e alcune giovano: quelle nuocono che sono dalle sette e da partigiani accompagnate: quelle giovano che senza sette, senza partigiani si mantengono. Non potendo adunque provedere un fondatore d'una repubbl ca che non siano nimizicie in quella, ha da proveder almeno che non vi siano sette.”〔“事实上,有些划分是有害于一个共和国的,有些则是有益的;那些会激起宗派与党争的是有害的,而那些不会引起宗派与党争的则是有益的。既然一个国家的创业者无法禁止敌对者的存在,至少他也应该防止他们成为宗派。”〕(《佛罗伦萨史》,第7卷。)

② 莱格古士(Lycurgue,即 Lycurgus),为传说中纪元前8世纪斯巴达的国王,著名的立法者。他采取均分土地的方法以消除等级与党派的对立。事见普鲁塔克《英雄传》第1卷。——译注

那么就必须增殖它们的数目并防止它们之间的不平等，就像梭伦[①]、努玛[②]和塞尔维乌斯[③]所做的那样。这种防范方法是使公意可以永远发扬光大而且人民也绝不会犯错误的唯一好方法。

第四章　论主权权力的界限

如果国家，或者说城邦，只不外是一个道德人格，其生命全在于它的成员的结合，并且如果它最主要的关怀就是要保存它自身；那么它就必须有一种普遍的强制性的力量，以便按照最有利于全体的方式来推动并安排各个部分。正如自然赋予了每个人以支配自己各部分肢体的绝对权力一样，社会公约也赋予了政治体以支配它的各个成员的绝对权力。正是这种权力，当其受到公意指导时，如上所述，[④]就获得了主权这个名称。[⑤]

可是，除了这个公共人格而外，我们还得考虑构成公共人格的那些私人，他们的生命和自由是天然地独立于公共人格之外的。因此，问题就在于要很好地区别与公民相应的权利和与主权

① 梭伦（Solon），公元前 594 年任雅典首席执政官。见本书第 4 卷，第 4 章。——译注

② 努玛（Numa，即 Numa Pompilius），传说中罗马王政时期的第二个王。见本书第 4 卷，第 4 章。——译注

③ 塞尔维乌斯（Servius，即 Servius Tullius），传说中罗马王政时期的第六个王。见本书第 4 卷，第 4 章。——译注

④ 见本书第 1 卷，第 6、第 7 章。——译注

⑤ 《日内瓦手稿》此下尚有："正像在人的构成方面，灵魂对于身体的作用问题乃是哲学的尖端；同样在国家的构成方面，公意对于公共力量的作用问题则是政治学的尖端。"——译注

者相应的权利，[1]并区别前者以臣民的资格所应尽的义务和他们以人的资格所应享的自然权利。

我们承认，每个人由于社会公约而转让出去[2]的自己的一切权力、财富、自由，仅仅是全部之中其用途对于集体有重要关系的那部分；[3]但是也必须承认，唯有主权者才是这种重要性的裁判者。

凡是一个公民能为国家所做的任何服务，一经主权者要求，就应该立即去做；可是主权者这方面，却决不能给臣民加以任何一种对于集体是毫无用处的约束；他甚至于不可以有这种意图，因为在理性的法则之下，恰如在自然的法则之下一样，任何事情绝不能是毫无理由的。

把我们和社会体联结在一起的约定之所以成为义务，就只因为它们是相互的；并且它们的性质是这样的，即在履行这些约定时，人们不可能只是为别人效劳而不是同时也在为自己效劳。如果不是因为没有一个人不是把**每个人**这个词都当成他自己，并且在为全体投票时所想到的只是自己本人的话，公意又何以能总是公正的，而所有的人又何以能总是希望他们之中的每个人都幸福呢？这一点就证明了，权利平等及其所产生的正义概念乃是出自

① 细心的读者们，我请求你们不要急于责备我在这里自相矛盾。由于语言的贫乏，所以我在用语上未能避免这种矛盾，请你们少待吧。❶

❶见本书第1卷，第6章。在该章中作者认为公民与主权者两个名字是可以互相通用的，但在此处又强调二者的区别；在该章中作者认为个人由于社会公约已转让出自己全部的自然权利，但此处又强调个人"以人的资格所应享的自然权利"；所以这里以"语言的贫乏"自解，并"请求你们不要急于责备我在这里自相矛盾。"——译注

② 可参看本书第4卷，第8章。——译注

③ 见本书第1卷，第6章。——译注

每个人对自己的偏爱，因而也就是出自人的天性。这一点也就证明了公意若要真正成为公意，就应该在它的目的上以及在它的本质上都同样地是公意。这就证明了公意必须从全体出发，才能对全体都适用；并且，当它倾向于某种个别的、特定的目标时，它就会丧失它的天然的公正性，因为这时我们判断的便是对我们陌生的东西，于是便不能有任何真正公平的原则在指导我们了。①

实际上，一项个别的事实或权利只要有任何一点未为事先的公约所规定的话，事情就会发生争议。在这样的一场争讼里，有关的个人是一造，而公众则是另一造；然而在这里我既看不到有必须遵循的法律，也看不到有能够做出判决的审判官。这时，要想把它诉之于公意的表决，就会是荒唐可笑的了；公意在这里只能是一造的结论，因而对于另一造就只不过是一个外部的、个别的意志，它在这种场合之下就会带来不公道而且容易犯错误。于是，正如个别意志不能代表公意一样，公意当其具有个别的目标时，也就轮到它自己变了质，也就不能再作为公意来对某个人或某件事做出判决了。例如，当雅典人民任命或罢免他们的首领，对某人授勋或对另外某人判刑，并且不加区别地以大量的个别法令来执行政府的全部行为时，这时候人民就已经不再有名副其实的公意了；他们的行动已经不再是主权者，而是行政官了。这好像是与通常的观念正好相反，但是请容许我有时间来阐述我的理由。②

① 《日内瓦手稿》："实际上，由社会公约而得出的第一条法律，也是唯一真正根本的法律，就是每个人在一切事物上都应该以全体的最大幸福为依归。"——译注

② 可参看本书第 3 卷，第 17 章；第 4 卷，第 3 章。——译注

我们由此应当理解:使意志得以公意化的与其说是投票的数目,倒不如说是把人们结合在一起的共同利益;因为在这一制度中,每个人都必然地要服从他所加之于别人的条件。这种利益与正义二者之间可赞美的一致性,便赋予了公共讨论以一种公正性;但在讨论任何个别事件的时候,既然没有一种共同的利益能把审判官的准则和当事人的准则结合并统一起来,那么这种公正性也就会消失。

无论从哪方面来说明这个原则,我们总会得到同样的结论,即,社会公约在公民之间确立了这样的一种平等,以致他们大家全都遵守同样的条件并且全都应该享有同样的权利。于是,由于公约的性质,主权的一切行为——也就是说,一切真正属于公意的行为[①]——就都同等地约束着或照顾着全体公民;因而主权者就只认得国家这个共同体,而并不区别对待构成国家的任何个人。可是确切说来,主权的行为又是什么呢?它并不是上级与下级之间的一种约定,而是共同体和它的各个成员之间的一种约定。它是合法的约定,因为它是以社会契约为基础的;它是公平的约定,因为它对一切人都是共同的;它是有益的约定,因为它除了公共的幸福而外就不能再有任何别的目的;它是稳固的约定,因为它有着公共的力量和最高权力作为保障。只要臣民遵守的是这样的约定,他们就不是在服从任何别人,而只是在服从他们自己的意志。要问主权者与公民这两者相应的权利究竟到达什么限度,那就等于是问公民对于自己本身——每个人对于全体以

① 可参看本书第3卷,第2章。——译注

及全体对于每个个人——能规定到什么地步。

由此可见,主权权力虽然是完全绝对的、完全神圣的、完全不可侵犯的,却不会超出、也不能超出公共约定的界限;并且人人都可以任意处置这种约定所留给自己的财富和自由。因而主权者便永远不能有权对某一个臣民要求得比对另一个臣民更多;因为那样的话,事情就变成了个别的,他的权力也就不再有效了。

一旦承认这种区别以后,那么在社会契约之中个人方面会做出任何真正牺牲来的这种说法,便是不真实的了。由于契约的结果,他们的处境确实比起他们以前的情况更加可取得多;他们所做的并不是一项割让而是一桩有利的交易,[①]也就是以一种更美好的、更稳定的生活方式代替了不可靠的、不安定的生活方式,以自由代替了天然的独立,以自身的安全代替了自己侵害别人的权力,以一种由社会的结合保障其不可战胜的权利,代替了自己有可能被别人所制服的强力。他们所献给国家的个人生命也不断地在受着国家的保护;并且当他们冒生命之险去捍卫国家的时候,这时他们所做的事不也就是把自己得之于国家的东西重新给予国家吗?他们现在所做的事,难道不就是他们在自然状态里,当生活于不可避免的搏斗之中必须冒着生命的危险以保卫自己的生存所需时,他们格外频繁地、格外危险地所必须要做的事情吗?诚然,在必要时,人人都要为祖国而战斗;然而这样也就再没有一个人要为自己而战斗了。为了保障我们的安全,只需去冒一旦丧失这种安全时我们自身所必须去冒的种种危险中的一部分,

① 见本书第 1 卷,第 8 章。——译注

这难道还不是收益吗?

第五章 论生死权

有人[①]问:个人既然绝对没有处置自身生命的权利,[②]又何以能把这种他自身所并不具有的权利转交给主权者呢?这个问题之显得难于解答,只是因为它的提法不对。每个人都有权冒自己生命的危险,以求保全自己的生命。难道有人会说,一个为了逃避火灾而跳楼的人是犯了自杀罪吗?难道有人会追究,一个在风浪里被淹死的人是在上船时犯了不顾危险的罪吗?[③]

社会条约以保全缔约者为目的。谁要达到目的也就要拥有手段,而手段则是和某些冒险、甚至于是和某些牺牲分不开的。谁要依靠别人来保全自己的生命,在必要时就应当也为别人献出自己的生命。而且公民也不应当自行判断法律所要求他去冒的是哪种危险;当君主[④]对他说:“为了国家的缘故,需要你去效死”,他就应该去效死;因为正是由于这个条件他才一直都在享受着安全,并且他的生命也才不再单纯地只是一项自然的恩赐,而是国家的一种有条件的赠礼。

对罪犯处以死刑,也可以用大致同样的观点来观察:正是为

① 指洛克。见洛克《政府论》第 2 卷,第 9 章。——译注

② 作者认为自杀并不是自然权利,见《新爱洛漪丝》第 3 部,第 22 书。——译注

③ 《纽沙代尔手稿》此处原有如下的话:“至于冒险,那是我们自愿地并且带着某种可能避免它的希望而去冒的一种危险,其目的是要获得对我们的吸引力更有甚于危险之使我们感到恐惧的那种东西。”后经作者删去。——译注

④ 可参看本书第 3 卷,第 1 章。——译注

了不至于成为凶手的牺牲品，所以人们才同意，假如自己做了凶手的话，自己也得死。在这一社会条约里，人们所想的只是要保障自己的生命，而远不是要了结自己的生命；决不能设想缔约者的任何一个人，当初就预想着自己要被绞死的。

而且，一个为非作恶的人，既然他是在攻击社会权利，于是便由于他的罪行而成为祖国的叛逆；他破坏了祖国的法律，所以就不再是国家的成员了，他甚至于是在向国家开战。这时保全国家就和保全他自身不能相容，两者之中就有一个必须毁灭。对罪犯处以死刑，这与其说是把他当作公民，不如说是把他当作敌人。起诉和判决就是他已经破坏了社会条约的证明和宣告，因此他就不再是国家的成员了。而且既然他至少也曾因为他的居留[①]而自认为是国家的成员，所以就应该把他当作公约的破坏者而流放出境，或者是当作一个公共敌人而处以死刑。因为这样的一个敌人并不是一个道德人，而只是一个个人[②]罢了；并且唯有这时候，战争的权利才能是杀死被征服者。[③]

然而人们也许会说，惩罚一个罪犯乃是一桩个别的行为。我承认如此，可是这种惩罚却不属于主权者；这是主权者只能委任别人而不能由自己本身加以执行的权利。我的全部观念是前后一贯的，不过我却无法一下子全部都阐述清楚。

此外，刑罚频繁总是政府衰弱或者无能的一种标志。决不会

① 本书第 4 卷，第 2 章："居住在领土之内也就是服从主权"；又可参看该章作者原注。——译注

② "一个个人"指一个自然人或生物人。——译注

③ 可参看本书第 1 卷，第 4 章。——译注

有任何一个恶人，是我们在任何事情上都无法使之为善的。我们没有权利把人处死，哪怕仅仅是以儆效尤，除非是对于那些如果保存下来便不会没有危险的人。

至于对一个已受法律处分并经法官宣判的罪犯实行赦免或减刑的权利，那只能是属于那个超乎法律与法官之上的人，也就是说，只能是属于主权者；然而就在这一点上，他的权利也还是不很明确的，而且使用这种权利的场合也是非常之罕见的。在一个治绩良好的国家里，刑罚是很少见的，这倒不是因为赦免很多，而是因为犯罪的人很少。唯有当国家衰微时大量犯罪的出现，才确保了罪犯不受到惩罚。在罗马共和国之下，无论是元老院或是执政官都从来没有想要行使赦免；就连人民也不曾这样做过，尽管人民有时候会撤销自己的判决。频繁的赦免就说明不久罪犯就会不再需要赦免了，大家都看得出来那会引向哪里去的。但是我觉得我自己满腔幽怨，它阻滞了我的笔；让那些从未犯过错误而且也永远不需要赦免的正直人士去讨论这些问题吧。

第六章　论法律

由于社会公约，我们就赋予了政治体以生存和生命；现在就需要由立法来赋予它以行动和意志了。因为使政治体得以形成与结合的这一原始行为，并不就能决定它为了保存自己还应该做些什么事情。①

① 《日内瓦手稿》："法律是政治体的唯一动力，政治体只能是由于法律而行动并为人所感受到；没有法律，已经形成的国家就只不过是一个没有灵魂的躯壳，它虽然存

事物之所以美好并且符合秩序，乃是由于事物的本性所使然而与人类的约定无关。一切正义都来自上帝，唯有上帝才是正义的根源；但是如果我们当真能在这种高度上接受正义的话，我们就既不需要政府，也不需要法律了。毫无疑问，存在着一种完全出自理性的普遍正义；但是要使这种正义能为我们所公认，它就必须是相互的。然而从人世来考察事物，[①]则缺少了自然的制裁，正义的法则在人间便是虚幻的；当正直的人对一切人都遵守正义的法则，却没有人对他也遵守时，正义的法则就只不过造成了坏人的幸福和正直的人的不幸罢了。因此，就需要有约定和法律来把权利与义务结合在一起，并使正义能符合于它的目的。[②]在自然状态中，一切都是公共的，如果我不曾对一个人作过任何允诺，我对他就没有任何义务；我认为是属于别人的，只是那些对我没有用处的东西。但是在社会状态中，一切权利都被法律固定下来，情形就不是这样的了。

然则，法律究竟是什么呢？[③]只要人们仅仅满足于把形而上学的观念[④]附着在这个名词之上的时候，人们就会始终是百思不得其解；而且，纵使人们能说出自然法是什么，人们也并不会因此便

在但不能行动。因为每个人都顺从公意，这还不够；为了遵循公意，就必须认识公意。于是就出现了法律的必要性。”——译注

① “从人世来考察事物”指从政治或社会契约来考察事物，系与上文从上帝和理性的角度来考察事物相对而言。——译注

② “使正义能符合于它的目的”，即使得正义能应用于社会现实，而不只是停留在概念上。——译注

③ 《爱弥儿》第5卷：“这门学科是崭新的，法律的界说还有待规定。”——译注

④ “形而上学的观念”指孟德斯鸠对于法的定义。孟德斯鸠认为法是“事物本性所产生的必然的关系”（《论法的精神》，第1卷，第1章）。——译注

能更好地了解国家法是什么。[1]

我已经说过,[2]对于一个个别的对象是绝不会有公意的。事实上,这种个别的对象不是在国家之内,就是在国家之外。如果它是在国家之外,那么这一外在的意志就其对国家的关系而言,就绝不能是公意;如果这一个别对象是在国家之内,则它便是国家的一部分:这时,全体和它的这一部分之间便以两个分别的存在而形成了一种对比关系,其中的一个就是这一部分,而另一个则是减掉这一部分之后的全体。但是全体减掉一部分之后,就绝不是全体;于是只要这种关系继续存在的话,也就不再有全体而只有不相等的两个部分;由此可见,其中的一方的意志比起另一方来,就绝不会更是公意。

但是当全体人民对全体人民作出规定时,他们便只是考虑着他们自己了;如果这时形成了某种对比关系的话,那也只是某种观点之下的整个对象对于另一种观点之下的整个对象之间的关系,[3]而全体却并没有任何分裂。这时人们所规定的事情就是公共的,正如作出规定的意志是公意一样。正是这种行为,我就称之为法律。

我说法律的对象永远是普遍性的,我的意思是指法律只考虑

① 《爱弥儿》第2卷:"假如国家法也像自然法一样,可以具有一种永远不可能为任何人间力量所摧毁的坚固性的话,这时人的依存性就重新转化为物的依存性;于是在共和国里,我们就可以重新把自然状态的好处结合到政治状态的好处上面去了。"作者认为孟德斯鸠的错误在于把自然法和国家法混为一谈,所以此处讥之为"形而上学"。——译注

② 见本书,第2卷,第4章。——译注

③ "某种观点之下的整个对象"指作为主权者(制定法律)的全体人民,"另一种观点之下的整个对象"指作为臣民(服从法律)的全体人民。——译注

臣民的共同体以及抽象的行为，而绝不考虑个别的人以及个别的行为。因此，法律很可以规定有各种特权，[①]但是它却绝不能指名把特权赋予某一个人；法律可以把公民划分为若干等级，甚至于规定取得各该等级的权利的种种资格，但是它却不能指名把某某人列入某个等级之中；它可以确立一种王朝政府和一种世袭的继承制，但是它却不能选定一个国王，也不能指定一家王室；总之，一切有关个别对象的职能都丝毫不属于立法权力。

根据这一观念，我们立刻可以看出，我们无须再问应该由谁来制定法律，因为法律乃是公意的行为；我们既无须问君主[②]是否超乎法律之上，因为君主也是国家的成员；[③]也无须问法律是否会不公正，因为没有人会对自己本人不公正；[④]更无须问何以人们既是自由的而又要服从法律，因为法律只不过是我们自己意志的记录。

我们还可以看出，法律既然结合了意志的普遍性与对象的普遍性，所以一个人，不论他是谁，擅自发号施令就绝不能成为法

---

① 可参看本书，第 3 卷，第 17 章。——译注

② 本书使用"君主"一词大多数情况是指主权者，但是这里的"君主"一词则指执政者，即通常意义的政府。——译注

③ 《山中书简》第 3 书："根本就不存在没有法律的自由，也不存在任何人是凌驾于法律之上的。一个自由的人民，服从但不受奴役；有首领但没有主人；服从法律但仅仅是服从法律。共和国里对于行政官所设下的全部障碍，都是为着保障法律的神圣堡垒的安全而建立的。他们是执行者而不是仲裁者；他们应该保卫法律而不是侵犯法律。"——译注

④ 《山中书简》第 9 书："首先的而且最大的公共利益，永远是正义。大家都要求条件应该人人平等，而正义也就不外是这种平等。公民要求的只是法律和遵守法律。人民之中的每个人都很清楚，如果有了例外，那就会对他不利。因此，大家都怕有例外；而怕有例外的人就会热爱法律。可是对于首领来说，事情却完全是另一个样；他们的状态本身就是一种优越状态，所以他们就处处追求优越。"——译注

律；即使是主权者对于某个个别对象所发出的号令，也绝不能成为一条法律，而只能是一道命令；那不是主权的行为，而只是行政[①]的行为。

因此，凡是实行法治的国家——无论它的行政形式如何——我就称之为共和国；因为唯有在这里才是公共利益在统治着，公共事物[②]才是作数的。一切合法的政府都是共和制的；[③]我随后就将阐明政府是什么。[④]

确切说来，法律只不过是社会结合的条件。服从法律的人民就应当是法律的创作者；规定社会条件的，只能是那些组成社会的人们。然而这些人应该怎样来规定社会的条件呢？是由于突然灵机一动而达成共同一致的吗？政治体具备一个可以表达自己意志的机构吗？谁给政治体以必要的预见力来事先就想出这些行为并加以公布呢？或者，在必要时又是怎样来宣告这些行为的呢？常常是并不知道自己应该要些什么东西的盲目的群众——因为什么东西对于自己好，他们知道得太少了——又怎么能亲自来执行像立法体系这样一桩既重大而又困难的事业呢？人民永远是希望自己幸福的，但是人民自己却并不能永远都看得出什么是幸福。公意永远是正确的，但是那指导着公意的判断却

① 此处“行政”指政府。——译注

② 此处“公共事物”为双关语。“共和国”原文为 république，源出拉丁文 respublica（公共事物）。——译注

③ 我理解这一名词不仅是指一种贵族制或者一种民主制，而且是一般地指一切被公意、也就是被法律所指导的政府。政府要成其为合法的，就绝不能与主权者混为一谈，而只能是主权者的执行人；这样，君主制本身也还是共和制。这一点将在下一卷中加以说明。

④ 见本书第 3 卷。——译注

并不永远都是明智的。[1] 所以就必须使它能看到对象的真相，有时还得看到对象所应该呈现的假象；必须为它指出一条它所寻求的美好道路，保障它不至于受个别意志的诱惑，使它能看清时间与地点，并能以遥远的隐患来制衡当前切身利益的引诱。个人看得到幸福却又不要它；公众在愿望着幸福却又看不见它。两者都同等地需要指导。[2] 所以就必须使前者能以自己的意志顺从自己的理性；又必须使后者学会认识自己所愿望的事物。这时，公共智慧的结果便形成理智与意志在社会体中的结合，由此才有各个部分的密切合作，以及最后才有全体的最大力量。正是因此，才必须要有一个立法者。

第七章　论立法者

为了发现能适合于各个民族的最好的社会规则，就需要有一种能够洞察人类的全部感情而又不受任何感情所支配的最高的智慧；[3]它与我们人性没有任何关系，但又能认识人性的深处；[4]它自身的幸福虽与我们无关，然而它又很愿意关怀我们的幸福；最后，在时世的推移里，它照顾到长远的光荣，能在这个世纪里工

① 这句话初稿作："公意永远是正确的，根本不发生需要加以纠正的问题，但却必须善于及时加以审查。"又，可参看本书第 2 卷，第 3 章。——译注

② "两者都同等地需要指导"，即个人需要道德的指导，公众需要经验与知识的指导。——译注

③ 这句话里的两个"感情"，《日内瓦手稿》均作"需要"。——译注

④ "但又能认识人性的深处"，《日内瓦手稿》作："但又能看出适合人性所需的一切"。——译注

作,而在下个世纪里享受。① 要为人类制订法律,简直是需要神明。②

卡里古拉根据事实所做的推论,③柏拉图则根据权利而在他的《政治篇》④中以同样的推论对他所探求的政治人物或者作为人君的人物做出了规定。但是,如果说一个伟大的国君真是一个罕见的人物,那么一个伟大的立法者又该怎样呢?⑤ 前者只不过是遵循着后者所规划的模型而已。一个是发明机器的工程师,另一个则只不过是安装机器和开动机器的工匠。孟德斯鸠说过:"社会诞生时是共和国的首领在创设制度,此后便是由制度来塑造共和国的首领了。"⑥

敢于为一国人民进行创制的人——可以这样说——必须自己觉得有把握能够改变人性,能够把每个自身都是一个完整而孤立的整体的个人转化为一个更大的整体的一部分,这个个人就以一定的方式从整体里获得自己的生命与存在;能够改变⑦人的素质,使之得到加强;能够以作为全体一部分的有道德的生命来代

① 一个民族,除非当它的立法开始衰颓的时候,是不会出名的。人们往往忽略了莱格古士的制度在受到希腊其他各国注意之前,早已经给斯巴达人造就了多少世纪的幸福了。

② 这句话《日内瓦手稿》作:"总之,简直是需要一位神明,才能为人类制订良好的法律。"——译注

③ 见本书,第1卷,第2章。《日内瓦手稿》在这句话下面还有"就像是一个牧人对他的羊群具有优越性那样"。——译注

④ 见柏拉图《政治篇》,第10—13章,第29—32章。——译注

⑤ 《日内瓦手稿》:"什么是立法这门科学呢? 哪里去找掌握了这门科学的天才呢? 敢于运用这门科学的人必须具备什么品德呢? 这一探讨是艰巨的;对于一个以了解怎样才能产生一个体制良好的国家而自诩的人,这甚至于会令人气馁的。"——译注

⑥ 引文见孟德斯鸠:《罗马盛衰原因论》,第1章。——译注

⑦ "改变"《日内瓦手稿》作"抽出"。——译注

替我们人人得之于自然界的生理上的独立的生命。[①] 总之，必须抽掉人类本身固有的力量，才能赋予他们以他们本身之外的、而且非靠别人帮助便无法运用的力量。这些天然的力量消灭得越多，则所获得的力量也就越大、越持久，制度也就越巩固、越完美。从而每个公民若不靠其余所有的人，就会等于无物，就会一事无成；如果整体所获得的力量等于或者优于全体个人的天然力量的总和，那么我们就可以说，立法已经达到了它可能达到的最高的完美程度了。[②]

立法者在一切方面都是国家中的一个非凡人物。[③] 如果说由于他的天才[④] 而应该如此的话，那么由于他的职务他也同样应该如此。这一职务绝不是行政，也绝不是主权。这一职务缔造了共和国，但又决不在共和国的组织之内；它是一种独特的、超然的职能，与人间世界毫无共同之处；因为号令人的人如果不应该号令法律的话，那么号令法律的人也就更不应该号令人；[⑤] 否则，他的法律[⑥] 受到他的感情所支配，便只能经常地贯彻他自己的不公正，

① 《爱弥儿》，第 1 卷："自然人完全为自己而生存，……公民则是整体的一部分，……良好的社会制度是最善于改变人性的制度，它剥夺了人的绝对生命，赋予他以相对关系的生命，把所谓'我'移植在共同的单一体中，也就是说移植到社会的'我'之中；这样，他就不再以为自己是一个单一体，而是整体的一部分，只有在共同体之中才感觉到自己的存在。……在社会秩序中，一个人如果还要保存他的自然感情的优越地位，不知道自己想要干什么，永远跟自己相矛盾；那么，他就永远既不是人，也不是公民。"——译注

② 可参看本书第 1 卷，第 6 章。——译注

③ 卢梭本人即曾企图做这样一个立法者，并于 1765 年写成《科西嘉制宪拟议》，1773 年写成《波兰政府论》。——译注

④ "天才"《日内瓦手稿》作"才能"。——译注

⑤ "号令人的人"即行政官，"号令法律的人"即立法者。——译注

⑥ 此处正本作"他的法律"（ses lois），迦尼蔼（Garnier）版作"这些法律"（ces lois）。——译注

而他个人的意见之有害于他自己的事业的神圣性，也就只能是永远不可避免。①

莱格古士为他的国家制定法律时，是先逊位然后才着手的。②大多数希腊城邦的习惯都是委托异邦人来制定本国的法律。近代意大利的共和国每每仿效这种做法；日内瓦共和国也是如此，而且结果很好。③ 在罗马最辉煌的时期，就可以看出暴政的种种罪恶已经在它的内部复活，也可以看出它已经快要灭亡，因为立法权威与主权权力已经都结合在同样那些人的身上了。④

---

① 《日内瓦手稿》："如果有人说：全体人民既然曾经一度自愿地、庄严地而又毫无束缚地服从于一个人（指立法者——译者）；所以这个人的意志就应该被看成等于公意的行为。那么，对他所说的这种诡辩，我已经答复过了。我要补充说，设想中的人民自愿的服从，永远是有条件的；它的出现绝不是为了君主（指立法者——译者）的利益，而是为了人民的利益。假如任何个人答应无保留地服从，那只是为了全体的幸福；君主在这类情形下也订立了人民所订的约定，而且即使在最强暴的专制制度之下，他也不能破坏自己的誓言而又不同时立即取消了他的臣民的誓言。""因此就需要经常弄清楚，这些条件是否履行了，从而君主的意志是否确实是公意；而人民则是这个问题的唯一裁判者。法律就像纯金，它是不可能用任何办法改变其性质的；第一下的考验就立刻使它恢复了它的自然形态。"——译注

② 按，普鲁塔克《英雄传》中并无此项记载，仅提到莱格古士是他的国王侄子的监护人，在为斯巴达变法之前，曾只身远游海外各地。——译注

③ 只把加尔文㊀当作是一个神学家的人们，并没有很好地认识到加尔文天才的博大。他对我们㊁贤明的法令汇编的工作是起了很大作用的，这给他造成的荣誉并不亚于他的《体制》一书。无论时间可能给我们的宗教信仰带来怎样的革命，但是只要我们对祖国和对自由的热爱并不熄灭，那么，对于这位伟大的人物的怀念就会永远保留在人们的感恩之中。㊂

㊀加尔文（见本书第 1 卷译注）为 16 世纪宗教改革时加尔文教派的创始人，后成为日内瓦的统治者。《体制》指加尔文《论基督教的体制》一书。——译注

㊁"我们"指日内瓦。——译注

㊂《山中书简》第 2 书："加尔文无疑是个伟人；然而他却终究是一个人，并且更糟的是，他是一个神学家；何况他还具有着一个自命优越、一与人争论就要冒火的天才的全部骄傲呢。"——译注

④ 指罗马十人会议（Décemvir）。——译注

然而十人会议本身却从来没有要求过仅凭他们自身的权威，便有通过任何法律的权利。他们向人民说："我们向你们建议的任何事情，不得你们的同意就决不能成为法律。罗马人啊，请你们自己制订会为你们造福的法律吧！"

因此，编订法律的人便没有、而且也不应该有任何的立法权利，而人民本身即使是愿意，也绝不能剥夺自己的这种不可转移的权利；因为按照根本公约，唯有公意才能约束个人，而我们又无法确定个别意志是否符合公意，除非是已经举行过了人民的自由投票。这一点我已经谈过了，①但重复一遍并不是没有用的。

这样，人们就在立法工作中发现同时似乎有两种不相容的东西：它既是一桩超乎人力之上的事业，而就其执行来说，却又是一种形同无物的权威。

这里还有另一个值得注意的困难。智者们若想用自己的语言而不用俗人的语言来向俗人说法，那就不会为他们所理解。可是，有千百种观念是不可能翻译成通俗语言的。太概括的观念与太遥远的目标，都同样地是超乎人们的能力之外的；每一个个人所喜欢的政府计划，不外是与他自己的个别利益有关的计划，他们很难认识到自己可以从良好的法律要求他们所作的不断牺牲之中得到怎样的好处。为了使一个新生的民族能够爱好健全的政治准则并遵循国家利益的根本规律，便必须倒果为因，使本来应该是制度的产物的社会精神转而凌驾于制度本身之上，并且使人们在法律出现之前，便可以成为本来应该是由于法律才能形成

① 见本书第 2 卷，第 1、第 5 章。——译注

的那种样子。这样,立法者便既不能使用强力,也不能使用说理;因此就有必要求之于另外一种不以暴力而能约束人、不以论证而能说服人的权威了。[①]

这就是在一切时代里迫使得各民族的父老们都要求助于上天的干预,并以他们固有的智慧来敬仰神明的缘故了,为的就是要使人民遵守国家法也像遵守自然法一样,并且在认识到人的形成和城邦的形成是由于同一个权力的时候,使人民能够自由地服从并能够驯服地承担起公共福祉的羁轭。

这种超乎俗人们的能力之外的崇高的道理,也就是立法者所以要把自己的决定托之于神道设教的道理,为的是好让神圣的权威来约束[②]那些为人类的深思熟虑所无法感动的人们。[③] 但是并不是人人都可以代神明立言,也不是当他自称是神明的代言人时,他便能为人们所相信。唯有立法者的伟大的灵魂,才是足以证明自己使命的真正奇迹。人人都可以刻石立碑,或者贿买神谕,或者假托通灵,或者训练一只小鸟向人耳边口吐神言,或者寻求其他的卑鄙手段来欺骗人民。只会搞这一套的人,甚至于也偶尔能纠集一群愚民;但是他却决不会建立起一个帝国,而他那种

① “一种不以暴力而能约束人、不以论证而能说服人的权威”指宗教。可参看本书第2卷,第8章;第4卷,第8章。——译注

② “约束”,《日内瓦手稿》作“克制”。——译注

③ 马基雅维里说:“E veramente mai non fù alcono ordinatore de legg straordinarie in un popolo, che non ricoresse a Dio, perchè altrimenti noni sarebbero accettate; perchè sono molti beni conosciute da uno prudente, i quali non hanno in se raggioni evidenti da potergli persuadere ad altrui.”[“事实上,在任何民族中也没有过任何从不求助于上帝的特殊立法者;否则的话,法律便不会为人们所接受;因为尽管有许多良好的法律能被智者所认识,但是其道理却不足以说服别人。”](《李维论》,第1卷,第11章。)

荒唐的把戏很快地也就会随他本人一起破灭的。虚假的威望只能形成一种过眼烟云的联系，唯有智慧才能够使之经久不磨。那些迄今存在着的犹太法律，那些十个世纪以来统治着半个世界的伊斯美子孙们的法律，[①]直到今天还在显示着订立了那些法律的人们的伟大；而且当虚骄的哲学与盲目的宗派精神只把这些人看成是侥幸的骗子时，[②]真正的政治学家则会赞美他们制度中在主导着持久的功业的那种伟大而有力的天才。

绝不可以从这一切里便做出跟华伯登[③]一样的结论说，政治和宗教在人间有着共同的目的；而是应该说，在各个国家初创时，宗教是用来作为政治的工具的。

第八章　论人民[④]

正如建筑家在建立一座大厦之前，先要检查和勘测土壤，看它是否能担负建筑物的重量一样；明智的创制者也并不从制订良好的法律本身着手，而是事先要考察一下，他要为之而立法的那些人民是否适宜于接受那些法律。[⑤] 正是因此，所以柏拉图才拒

① 伊斯美（Ismaël）为亚伯拉罕与阿加尔之子，传说为阿拉伯人的祖先。——译注

② “虚骄的哲学”指伏尔泰（Voltaire，1694—1778）。伏尔泰在《穆罕默德》中曾称穆罕默德为骗子。——译注

③ 华伯登（Warburton，1698—1770），英国神学家。此处所说见华伯登《教会与国家的联盟》(1736)第 14 篇。——译注

④ 《日内瓦手稿》中，本章题名为“论创制的人民”。——译注

⑤ 《日内瓦手稿》本章开始的话是：“尽管我这里的主题不是讨论权宜手段而是讨论权利；然而我仍然免不了要对权宜手段的需要顺便略加检查。它是一切健全的政治体制都必须服从的。”——译注

绝为阿加狄亚人[1]和昔兰尼人[2]制定法律,他知道这两个民族是富有的,不能够忍受平等。正是因此,我们才看到在克里特有好法律而有坏人民,因为米诺王[3]所治理的乃是一个邪恶多端的民族。

有千百个从不能忍受良好法律的民族都曾在世上煊赫过;而且纵然那些能够忍受良好法律的民族,也只是在他们全部岁月里的一个极为短暂的时期内做到了这一点。大多数民族[4],犹如个人一样,只有在青春时代才是驯服的;他们年纪大了,就变成无法矫正的了。当风俗一旦确立,偏见一旦生根,再想加以改造[5]就是一件危险而徒劳的事情了;人民甚至于不能容忍别人为了要消灭缺点而碰一碰自己的缺点,[6]正像是愚蠢而胆小的病人一见到医生就要发抖一样。

正如某些疾病能震荡人们的神经并使他们失去对于过去的记忆那样,在国家的经历上,有时候也并不是不能出现某些激荡的时期;这时,革命给人民造成了某些重症给个人所造成的同样情形,这时是对过去的恐惧症代替了遗忘症;这时,被内战所燃烧着的国家——可以这样说——又从死灰中复活,并且脱离了死亡的怀抱而重新获得青春的活力。莱格古士时代的斯巴达便是如

① 阿加狄亚(Arcadie,即 Arcadia),古希腊的一邦,位于伯罗奔尼撒半岛上。传说阿加狄亚的梅加拉(Mégare,即 Megara)城曾请求柏拉图为该城立法。——译注

② 昔兰尼(Cyréne,即 Cyrene),非洲北岸的古希腊殖民地。柏拉图曾拒绝为昔兰尼人立法,事见普鲁塔克《英雄传》。——译注

③ 米诺王(Minos),传说中古代克里特之王,以智慧著称。——译注

④ "大多数民族"1762 版初作"一个民族",后经作者改为"大多数民族"。——译注

⑤ "加以改造"《日内瓦手稿》作"要去触动"。——译注

⑥ 这句话《日内瓦手稿》作"他们甚至于不能忍受人们谈论要使他们幸福"。——译注

此;塔尔干王朝[①]以后的罗马便是如此;我们当代驱逐了暴君之后的荷兰和瑞士也曾经是如此。[②]

然而这种事情是非常罕见的,它们只是例外;而其成为例外的缘故,又总是可以从这种例外国家的特殊体制里找到的。这种例外在同一个民族甚至不会出现两次;因为只有在一个民族是野蛮的时候,它才能使自己自由,可是当政治精力衰竭时,它就不再能如此了。[③] 那时候,忧患可以毁灭它,而革命却不能恢复它;而且一旦它的枷锁被打碎之后,它就会分崩离析而不复存在。自此而后,它就只需要一个主人而不是需要一个解放者了。[④] 自由的人民啊,请你们记住这条定理:“人们可以争取自由,但却永远不

① 塔尔干(Tarquin,即 Tarquinius)王朝,公元前 7 至前 6 世纪的罗马王朝。——译注

② 荷兰原为西班牙属地,瑞士原为神圣罗马帝国属地。荷兰于 16 世纪末 17 世纪初驱逐西班牙人获得独立;瑞士在 14 世纪末,逐渐脱离神圣罗马帝国,获得独立。两国的独立在 1648 年威斯特法里亚条约中得到承认。——译注

③ 《日内瓦手稿》此下尚有:“一般说来,一个被长期的奴役及其所伴随的罪恶而消耗得精疲力尽的民族,会同时丧失他们对祖国的热爱以及他们对幸福的情操的;他们只是想象着处境不可能更好而聊以自慰;他们生活在一起而没有任何真正的联合,就好像人们聚居在同一块土地上而被断崖峭壁分隔开来那样。他们的不幸一点也触动不了他们,因为野心蒙蔽住了他们,因为除了自己所钻营的那个地位而外,没有人能看清楚自己的地位。一个民族处于这种状态之下是不可能再有一个健全的制度的,因为他们的意志和他们的体制已经同样地腐化了。他们再没有什么可丧失的,他们也再没有什么能获得的;由于受了奴隶制的蒙蔽,所以他们看不起为他们所不能认识的那些财富。”——译注

④ 卢梭《答波兰国王书》:“从知识到愚昧仅只是一步,而各个国家常常要在这两者之中择取其一;不过我们却从来没有看见过一个民族一朝腐化之后而又能恢复德行的。你们枉然力图扫除坏事的根源,你们枉然要消除虚荣、懒惰和奢侈的供应品,你们甚至于枉然要把人拉回到清白无辜的守护女神与一切德行的根源的那种原始平等状态;但他们的心灵一旦蜕化之后,就永远会是那样的了。除了某种大革命之外,再也没有别的补救办法了;而那又和它所能治疗的疾病差不多是同样的可怕,愿望它既是应当受到谴责的,而预见到它却又是不可能的。”——译注

能恢复自由。”[①]

青春不是幼年。[②] 每个民族正像个人一样，是有着一个青春时期的，或者也可以说是有着一个成熟时期的，必须等到这个时期才能使他们服从法律；然而一个民族的成熟往往不容易识别，而且人们若是提早这个时期的话，这项工作就要失败的。有些民族生来就是能受纪律约束的，另有些民族等上一千年之久也还是不能。俄罗斯人永远也不会真正开化的，因为他们开化得太早了。彼得[③]有模仿的天才；但他并没有真正的天才，没有那种创造性的、白手起家的天才。他做的事有些是好的，但大部分却是不合时宜的。他看到了他的人民是野蛮的，但他一点也没有看到他们还没有成熟到可以开化的地步；他想要使他们文明，而当时所需要的却只是锻炼他们。彼得首先是想造就出来德国人或者英国人，而当时却应该是先着手造就俄国人；[④]由于说服他的臣民们相信他们自己乃是他们本来所不是的那种样子，从而彼得也就永远妨碍了他的臣民们变成为他们所可能变成的那种样子。有一位法国教师也是这个样子培养他的学生，要使学生在幼年时候就

① 马基雅维里《李维论》，第1卷，第16章：“一个习惯于在君主之下过活的民族，如果意外地变得自由，他们就很难于保持自己的自由。”又，同书，第17章：“一个腐化了的民族，在恢复了他们的自由之后而要保持自由，就会遇到世上的一切困难。”——译注

② “青春不是幼年”，1762年的版本中没有这句话，在下一句话中也没有“是有着一个青春时期的，或者也可以说”这几个字。后经作者改订如上。——译注

③ “彼得”指俄罗斯的彼得大帝(1672—1725)。——译注

④ 卢梭《科西嘉制宪拟议》：“我们必须遵循的第一条规则就是民族特性。一切民族都有、或者应该有民族特性；如果他们缺少民族特性，就必须先着手赋给他们以民族特性。”又，卢梭《波兰政府论》：“应该小心翼翼地保存那种好处(民族性——译者)；对于那样傲慢的沙皇的所作所为，我们恰好应该是反其道而行之。”——译注

显姓扬名，然而到后来却始终一事无成。[①] 俄罗斯帝国想要征服全欧洲，但是被征服的却将是它自己。它的附庸而兼邻居的鞑靼人将会成为它的主人以及我们的主人的；在我看来，这场革命是无可避免的。全欧洲所有的国王们都在努力配合着促使它的到来。

第九章 论人民(续)

正如大自然对于一个发育良好的人的身躯给定了一个限度，过了这个限度就只能造成巨人或者侏儒那样；同样地，一个体制最良好的国家所能具有的幅员也有一个界限，为的是使它既不太大以致不能很好地加以治理，也不太小以致不能维持自己。[②] 每个政治体都有一个它所不能逾越的力量极限，并且常常是随着它的扩张而离开这个极限也就愈加遥远。社会的纽带愈伸张，就愈松弛；而一般说来，小国在比例上要比大国更坚强得多。

有千百种理由证明这条准则。首先，距离愈远，行政也就愈发困难，正好像一个杠杆愈长则其顶端的分量也就会愈重。随着层次的繁多，行政负担也就越来越重：因为首先每个城市都有它自己的行政，这是人民所要负担的；每个州又有它自己的行政，又

① 可参看《爱弥儿》第 2 卷。——译注

② 《日内瓦手稿》在这句之前尚有："一个尚未腐化的民族，当其领域辽阔时，可以具有为它的实质所并不具有的那些缺点。我将要解释这一点。"又，在这句话之后尚有："那些不顾自己领土大小而进行扩张的征服者民族，自以为力量是在不断增长；我们很难想象有什么是比这条准则更加荒唐的了。"——译注

是人民所要负担的；再则是每个省，然后是大区政府、巡抚府①、总督府；总是愈往上则所必须负担的也就愈大，并且总是由不幸的人民来负担的；最后还有那压垮了一切的最高行政。如此大量的超额负担，都在不断地消耗着臣民；这种种不同的等级，远没有能治理得更好，而且比起在他们之上若是只有一个行政的话，反而会治理得更坏。同时，他们简直没有余力来应付非常的情况；而当有必要告急的时候，国家往往已经是濒于灭亡的前夕了。②

还不仅如此；不只是政府会缺少勇气与果断来执行法律，来防止骚动，来矫正渎职滥权的行为，来预防遥远地方所可能发生的叛乱；而且人民对于自己所永远见不到面的首领、对于看来有如茫茫世界的祖国以及对于大部分都是自己所陌生的同胞公民们，也就会更缺少感情。同一个法律并不能适用于那么多不同的地区，因为它们各有不同的风尚，生活在迥然相反的气候之下，并且也不可能接受同样的政府形式。而不同的法律又只能在人民中间造成纠纷与混乱；因为他们生活在同样的首领之下，处于不断的交往之中，他们互相往来或者通婚，并顺从了别人的种种习俗，所以永远也不知道他们世袭的遗风究竟还是不是他们自己的了。在这样一种彼此互不相识而全靠着一个至高无上的行政宝座才把他们聚集在一起的人群里，才智就会被埋没，德行就会没有人重视，罪恶也不会受到惩罚。事务繁多的首领们根本就不亲自视事，而是由僚属们在治理国家。最后，为了要维持公共权

① “巡抚府”原文为 Satrapie，指古波斯的地方政府。——译注
② 可参看孟德斯鸠：《论法的精神》，第 9 卷，第 4 章。——译注

威——而这正是那些遥远的官吏们所要规避的,或者所要窃据的——所必须采取的种种措施,会耗尽全部的公共精力;这样,他们就再也没有余力关心人民的幸福了,在必要的关头,他们也几乎毫无余力来保卫人民;就是这样,一个体制过于庞大的共同体,就会在其自身的重压之下而削弱和破灭。

另一方面,国家应该被赋予一个可靠的基础,使之能够具有坚固性,并能够经受住它少不了要遭到的种种震荡以及为了自存所不得不作的种种努力;因为所有的民族都有一种离心力,使他们彼此不断地互相作用着,并且倾向于要损害邻人来扩张自己,就好像是笛卡尔的旋涡体那种样子。① 这样,弱者就随时有被并吞的危险,而且除非是大家能处于一种平衡状态,使得压力在各方面都接近于相等,否则就谁也难以自保。

由此可见,既有需要扩张的理由,又有需要收缩的理由;②能在这两者之间求得一种对于国家的生存最为有利的比例,那就是很不小的政治才能了。我们可以一般地说,前者既然只是外在的、相对的,③就应该服从于后者;后者乃是内在的、绝对的。一个健全有力的体制乃是人们所必须追求的第一件事;我们应该更加重视一个良好的政府所产生的活力,而不只是看到一个广阔的领

① 笛卡尔(R. Descartes,1596—1650)《世界论》:"自然界的一切运动都是某种兜圈子式的。一个物体离开了原来的位置,就必定占据另一个物体的位置;""物质以各种不同的形状、大小和速度经常处于兜圈子的旋涡状态。"——译注

② 作者是主张小国的,见本书第3卷,第6、第15章。又,《波兰政府论》第5章:"民族庞大、国土辽阔,这是人类不幸的主要根源。"——译注

③ 一个国家的力量就其对别的国家的力量的关系而言,乃是"外在的、相对的"。——译注

土所提供的富源。[1]

此外，我们也曾见过有这样体制的国家[2]，其体制的本身就包含着征服的必要性；这些国家为了能维持下去，便不得不进行无休止的扩张。也许它们会深自庆幸这种幸运的必要性；然而随着它们的鼎盛之极，那也就向它们显示了无可避免的衰亡时刻。[3]

第十章　论人民（续）

我们可以用两种方式来衡量一个政治体，即用领土的面积和用人口的数目；这两种衡量彼此之间存在着一个适当的比率，可以使一个国家真正伟大。构成国家的是人，而养活人的则是土地；因此，这一比率就在于使土地足以供养其居民，而居民又恰好是土地所能够养活的那么多。[4] 正是在这一比例之中，才可以发现一定数目的人民的最大限度的力量；因为如果土地过多，防卫就会艰难，开发就会不足，物产就会过剩，而这就是形成防御性战争的近因；如果土地不敷，国家就要考虑向它的四邻寻找补充，而这就是形成攻击性战争的近因。[5] 一个民族所处的地位，若是只能抉择商业或者战争，它本身必然是脆弱的；它要依赖四邻，它要依赖局势，它只能有一个短促不安的生命。它或者是征服别人而

① 可参看本书第 3 卷，第 15 章。——译注
② 此处系指罗马。——译注
③ 孟德斯鸠以为这是罗马衰亡的原因，见《罗马盛衰原因论》第 9 章。——译注
④ 《科西嘉制宪拟议》："维持一个国家独立的唯一手段……便是农业。"——译注
⑤ "而这就是形成防御性战争的近因"以下的话，是《日内瓦手稿》中所没有的。——译注

改变处境，或者是被别人所征服而归于乌有。它只有靠着渺小[①]或者伟大，才能够保全自己的自由。

使土地的广袤与人口的数目这两者得以互相满足的确切比率，我们是无从加以计算的；这既因为土地的质量、它的肥沃程度、物产的性质、气候的影响有着种种差异；同时，也因为我们察觉到的各种居民的体质也有着种种差异：有的人居住在肥沃的地方而消耗甚少，另外也有人居住在贫瘠的土壤上却消耗很大。还必须顾及妇女生育力的大小、国土对于人口有利与否的情况、立法者的各种制度可望起作用的程度，等等；从而立法者便不应该依据自己所见到的，而是应该依据自己所能预见到的来做判断；也不应该只站在人口的实际状况上，而应该站在人口自然会达到的状况上。最后，各地方特殊的偶然事件还有千百种情况，迫使人们或允许人们拥有多于必要的土地。因而，山地的人们就要扩展他们的土地；山地的自然物产，即森林、饲草，只需较少的劳动，而经验也告诉我们这里的妇女比平原上的妇女生育力更强，[②]并且大片倾斜的山地上也只有小块的平地才能指望耕种。反之，在海滨，人们便可以紧缩土地，哪怕在几乎是荒凉不毛的岩石和沙滩上；因为渔业可以弥补一大部分土地上的出产，因为居民更需要聚集在一起以便抵御海盗，也因为人们在这里更容易以殖民的

① 此处“渺小”指人口少、土地小。——译注

② 《科西嘉制宪拟议》：“对农业的关注不仅有利于居民增加人们的生活必需品，而且还赋给国家共同体以一种会使他们大量生育的脾气和风尚。就整个国家说，农村居民要比城市居民人口繁殖得更多，无论那是由于乡村生活的简朴使体质形成得更好，还是由于坚持劳动而预防了混乱与罪恶。”——译注

办法来减轻国土上负担过多的人口。

要为一个民族创制，除了这些条件而外，还须再加上另外的一条；这一条虽然不能代替其他任何一条，但是没有这一条则其他条件便会全归无效：那就是人们必须享有富足与和平。因为一个国家在建立时，就像一支军队在组编时一样，也就正是这个共同体最缺乏抵抗力而最易于被摧毁的时刻。人们即使在绝对无秩序时，也要比在酝酿时刻更有抵抗力；因为酝酿时，人人都只顾自己的地位而不顾危险。假如有一场战争、饥馑或者叛乱在这个关键的时刻[①]临头的话，国家就必定会倾覆。

在这些风暴期间，也并不是不曾建立过许多政府；然而这时候，正是这些政府本身把国家[②]摧毁了。篡国者总是要制造或者选择多难的时刻，利用公众的恐惧心来通过人民在冷静时所决不会采纳的种种毁灭性的法律的。创制时机的选择，正是人们可以据之以区别立法者的创作与暴君的创作的最确切的特征之一。

然则，是什么样的人民才适宜于立法呢？那就是那种虽然自己已经由于某种起源、利益或约定的结合而联系在一起，但还完全不曾负荷过法律的真正羁轭的人民；就是那种没有根深蒂固的传统与迷信的人民；就是那种不怕被突然的侵略所摧毁的人民；就是那种自身既不参与四邻的争端，而又能独立抵抗任何邻人或者是能借助于其中的一个以抵御另一个的人民；就是那种其中的每一个成员都能被全体所认识，而他们又绝不以一个人所不能胜

① “关键的时刻”指为人民订立新法律的时刻。——译注

② 此处“国家”一词原文为大写，系指“合法的”，亦即“共和制的”国家。——译注

任的过重负担强加给某一个人的人民；就是那种不需要其他民族便可以过活，而所有其他的民族不需要他们也可以过活的人民；[①]就是那种既不富有也不贫穷而能自给自足的人民；最后，还得是那种能结合古代民族的坚定性与新生民族的驯服性的人民。[②] 立法工作之所以艰难，倒不在于那些必须建立的东西，反而更在于那些必须破坏的东西；而其成功之所以如此罕见，就正在于不可能发现自然的单纯性与社会的种种需要相结合在一起。的确，这一切条件是很难于汇合在一起的；于是我们也就很少能见到体制良好的国家了。

欧洲却还有一个很可以立法的国家，那就是科西嘉岛。[③] 这个勇敢的民族在恢复与保卫他们的自由时所具有的豪迈与坚决，的确是值得有一位智者来教导他们怎样保全自由。我有一种预感，总有一天那个小岛会震惊全欧洲的。

① 如果有两个相邻的民族，其中一个没有另一个民族便不能过活，那么这种局面对前者就太艰苦而对后者又太危险了。一切明智的民族，在这类情况下，都必将力求尽快地把另一个民族从这种依附状态之下解放出来。斯拉斯加拉共和国处于墨西哥帝国的包围之内，就宁愿不向墨西哥人购买食盐而过活，甚至于也不愿接受他们赠送的食盐。明智的斯拉斯加拉人看出了隐藏在这种宽宏大度的背后的诡计。他们保住了自己的自由，而这个被大帝国所封锁的小国竟终于成为使那个帝国毁灭的工具。

② 见本书第 2 卷，第 8 章。——译注

③ 科西嘉岛，18 世纪时属热那亚。卢梭写《社会契约论》时，科西嘉人民正在进行反热那亚统治的起义，后于 1768 年归并法国。1764 年 8 月 31 日布达富柯(Buttafuocu)邀卢梭为科西嘉制宪，写信给卢梭说："科西嘉差不多就处于你所提出的可以进行立法的那种局面。它还完全不曾负荷过真正的法律羁轭；它不怕被突然的侵略所摧毁；它不需要其他民族便可以过活；它既不富有也不贫穷；它能够自给自足。它的一些偏见是不难消除的，而且我敢说，人们会发现在科西嘉，自然的需要与社会的需要是结合在一起的。"次年卢梭写成《科西嘉制宪拟议》，此文于作者生前未出版，至 1867 年始正式刊行。——译注

第十一章　论各种不同的立法体系

如果我们探讨，应该成为一切立法体系最终目的的全体最大的幸福究竟是什么，我们便会发现它可以归结为两大主要的目标：即**自由**与**平等**。自由，是因为一切个人的依附都会削弱国家共同体中同样大的一部分力量；平等，是因为没有它，自由便不能存在。①

我已经谈过什么是社会的自由。② 至于平等，这个名词绝不是指权力与财富的程度应当绝对相等；而是说，就权力而言，则它应该不能成为任何暴力，并且只有凭职位与法律才能加以行使；就财富而言，则没有一个公民可以富得足以购买另一人，也没有一个公民穷得不得不出卖自身。③ 这就要求大人物这一方必须节制财富与权势，而小人物这一方必须节制贪得与婪求。④

① 可参看孟德斯鸠《论法的精神》，第 11 卷，第 3 章。——译注

② 见本书第 1 卷，第 8 章。——译注

③ 要想使国家稳固，就应该使两极尽可能地接近；既不许有豪富，也不许有赤贫。❶这两个天然分不开的等级，对于公共幸福是同样致命的；一个会产生暴政的拥护者，而另一个则会产生暴君。他们之间永远是在进行着一场公共自由的交易：一个是购买自由，另一个是出卖自由。❷

❶《波兰政府论》第 11 章："应该既没有乞丐，也没有富豪"。——译注

❷这段话大概是指共和末期的罗马。——译注

④ 《科西嘉制宪拟议》："我们制度之下的根本大法应该是平等。国家除了功勋、德行和对祖国的贡献而外，不应该再容许有别的区分；而这些区分也不应该再是继承制的，除非人们真能具备为它所作为依据的那些品质。我远不是希望国家贫困，相反地我是希望它能享有一切，并且每个人都能比例于自己的贡献而享有公共财富中他自己的那一部分。……这就足以表明我的思想了；它并不是要绝对破除个人所有制，因为那是不可能的，而是要把它限制在最狭隘的界限之内，给它以一种措施、一种规范、一种羁绊，借以遏制它、指导它并使它始终服从于公共的幸福。"——译注

有人说，这种平等是实践中所绝不可能存在的一种思辨虚构。但是，如果滥用权力是不可避免的，是不是因此就应该一点也不去纠正它了呢？恰恰因为事物的力量总是倾向于摧毁平等的，所以立法的力量就应该总是倾向于维持平等。[①]

然而一切良好制度的这种普遍目的，在各个国度都应该按照当地的形势以及居民的性格这两者所产生的种种对比关系而加以修改；应该正是根据这种种对比关系来给每个民族都确定一种特殊的制度体系，这种制度体系尽管其本身或许并不是最好的，然而对于推行它的国家来说则应该是最好的。例如，土壤是荒瘠不毛的吗？或者国土对于居民来说是过于狭隘了吗？那么，你就转向工业和工艺方面去吧，你可以用它们的产品来交换你所缺乏的食粮。反之，你占有的是富庶的平原和肥沃的山坡吗？你是有美好的土地而缺少居民吗？那么，你就专心致力于能够繁殖人口的农业，并驱除一切工艺吧；工艺把一国仅有的少量人口都集中在几个地点上，结果只能造成国家人口的减少。[②] 你占有的是广阔而便利的海岸吗？那么，你就把海上布满了船舶吧，经营商业与航运吧，你将会获得一个光辉而短暂的生命。海洋在你的沿岸上是在冲洗着几乎无法攀越的岩石吗？那么，你就安心做个野蛮的渔人吧，你会因此而生活得更恬静，或许会更美好，而且无疑地

① 《波兰政府论》第 9 章："事物的经常倾向就是要破坏平等，而法律的经常倾向就应该是维护平等。"——译注

② 阿冉松先生说："对外贸易的任何部门对整个国家来说，都只不过带来一种虚假的利益；它可以使某些个人甚至于某些城市发财致富，但是整个国家却毫无收获，而人民从这里面也得不到任何好处。"

还会更幸福。总之，除了一切人所共同的准则而外，每个民族的自身都包含有某些原因，使它必须以特殊的方式来规划自己的秩序，并使它的立法只能适合于自己。正因为如此，所以古代的希伯来人和近代的阿拉伯人便以宗教为主要目标，雅典人便以文艺，迦太基与梯尔以商业，罗德岛[①]以航海，斯巴达以战争，而罗马则以道德。《论法的精神》一书的作者已经用大量的例证指明了，立法者是以怎样的艺术在把制度引向每一个这样的目标的。[②]

使一个国家的体制真正得以巩固而持久的，就在于人们能够这样地因事制宜，以至于自然关系与法律在每一点上总是协调一致，并且可以这样说，法律只不过是在保障着、伴随着和矫正着自然关系而已。但是，如果立法者在目标上犯了错误，他所采取的原则不同于由事物的本性所产生的原则，以至于一个趋向于奴役而另一个则趋向于自由，一个趋向于财富而另一个则趋向于人口，一个趋向于和平而另一个则趋向于征服；那么，我们便可以看到法律会不知不觉地削弱，体制便会改变，而国家便会不断地动荡，终于不是毁灭便是变质；于是不可战胜的自然便又恢复了它的统治。[③]

① 梯尔(Tyr，属腓尼基)与罗德岛(Rhodes)在古代均以商业和殖民著称。——译注

② 见孟德斯鸠《论法的精神》第11卷，第5章。又，同书，第20、22、24卷有关部分。——译注

③ 此处意谓“如果立法者所采取的原则不同于由事物的本性所产生的原则”，亦即自然与法律二者有分歧的话，则结果将是自然获得胜利，因为自然是“不可战胜的”。——译注

第十二章 法律的分类

为了规划全体的秩序，或者说为了赋予公共事物以最好的可能形式，就需要考虑各种不同的关系。首先是整个共同体对于其自身所起的作用，也就是说全体对全体的比率，或者说主权者对国家的比率；①而这个比率，我们下面就可以看到，是由比例中项②的那个比率所构成的。

规定这种比率的法律就叫做政治法；并且如果这种法律是明智的话，我们也不无理由地称之为根本法。因为，如果每个国家只能有一种规划秩序的好方法，那么人民发现它以后，就应该坚持它；但是，已经确立的秩序如果很坏，那么人们为什么要采用这种足以妨碍他们美好生活的法律来作为根本法呢？何况，无论在什么情况下，人民永远是可以做主改变自己的法律的，哪怕是最好的法律；③因为，人民若是喜欢自己损害自己的话，谁又有权禁止他们这样做呢？

第二种关系是成员之间的关系，以及成员对整个共同体的关系。这一比率，就前者而言应该是尽可能地小，而就后者而言又应该是尽可能地大；以便使每个公民对于其他一切公民都处于完

① “全体对全体的比率”指人民所具有的两重身份：一方面，人民享有主权，行使主权；同时另一方面又须服从主权，遵守号令。可参看本书第1卷，第6章。——译注

② “比例中项”指政府。在主权对国家的关系中，政府处于一种比例中项的地位；见本书第3卷，第1章。——译注

③ 见本书第1卷，第7章。——译注

全独立的地位,而对于城邦则处于极其依附的地位。这永远是由同一种办法来实现的,因为唯有国家的强力才能使得它的成员自由。从这第二种比率里,就产生了民法。

我们可以考虑到个人与法律之间有第三种关系,即不服从与惩罚的关系。这一关系就形成了刑法的确立;刑法在根本上与其说是一种特别的法律,还不如说是对其他一切法律的裁定。[①]

在这三种法律之外,还要加上一个第四种,而且是一切之中最重要的一种;这种法律既不是铭刻在大理石上,也不是铭刻在铜表上,而是铭刻在公民们的内心里;它形成了国家的真正宪法;它每天都在获得新的力量;当其他的法律衰老或消亡的时候,它可以复活那些法律或代替那些法律,它可以保持一个民族的创制精神,而且可以不知不觉地以习惯的力量取代权威的力量。我说的就是风尚、习俗,而尤其是舆论;这个方面是我们的政论家[②]所不认识的,但是其他一切方面的成功全都有系于此。这就正是伟大的立法家秘密地在专心致力着的方面了;尽管他好像把自己局限于制定个别的规章,其实这些规章都只不过是穹隆顶上的拱梁,而唯有慢慢诞生的风尚才最后构成那个穹隆顶上的不可动摇的拱心石。

在这些不同的种类之中,只有构成为政府形式的政治法才与我的主题有关。

① 可参看本书第2卷,第5章;又,孟德斯鸠《论法的精神》,第2卷。——译注

② 此处"我们的政论家"指孟德斯鸠,可参看孟德斯鸠《论法的精神》,第19卷。——译注

第三卷

在谈到政府的各种不同形式之前，让我们先来确定政府这个名词的严格意义，因为它还不曾很好地被人解说过。

第一章　政府总论

我提请读者注意：本章必须仔细阅读，对于不能用心的人，我是无法讲清楚的。

一切自由的行为，都是由两种原因的结合而产生的：一种是精神的原因，亦即决定这种行动的意志；另一种是物理的原因，亦即执行这种行动的力量。当我朝着一个目标前进时，首先必须是我想要走到那里去；其次必须是我的脚步能带动我到那里去。一个瘫痪的人想要跑，一个矫捷的人不想跑，这两个人都将停止在原地上。政治体也有同样的动力，我们在这里同样地可以区别力量与意志；后者叫做**立法权力**，前者叫做**行政权力**。[①] 没有这两者的结合，便不会或者不应该做出任何事情来。

我们已经看到，立法权力是属于人民的，而且只能是属于人民

① 可参看孟德斯鸠《论法的精神》第11卷，第6章。——译注

的。反之，根据以前所确定的原则[①]也很容易看出，行政权力并不能具有像立法者或主权者那样的普遍性；[②]因为这一权力仅只包括个别的行动，这些个别行动根本不属于法律的能力，从而也就不属于主权者的能力，因为主权者的一切行为都只能是法律。[③]

因此，公共力量就必须有一个适当的代理人来把它结合在一起，并使它按照公意的指示而活动；他可以充当国家与主权者之间的联系，他对公共人格所起的作用很有点像是灵魂与肉体的结合对一个人所起的作用那样。[④]这就是国家之中所以要有政府的理由；政府和主权者往往被人混淆，其实政府只不过是主权者的执行人。[⑤]

那么，什么是政府呢？政府就是在臣民与主权者之间所建立的一个中间体，[⑥]以便两者得以互相适合，它负责执行法律并维护社会的以及政治的自由。

这一中间体的成员就叫做行政官或者国王[⑦]，也就是说执政

① 见本书第2卷，第4、第6章。——译注

② 卢梭《政治经济学》："我请求读者们还要好好地区别我所说的公共经济，这我就称之为政府，以及我所说的最高权威，这我就称之为主权者；这一区别就在于后者具有立法权并在某些情况下甚至可以强迫国家共同体，而前者则只具有执行权并只能强迫个人。"——译注

③ 见本书第2卷，第4、第6章。——译注

④ 这里是借用笛卡尔的观念，见笛卡尔《灵魂感情论》第1部。——译注

⑤ 《山中书简》第6书："然则这个抽象的集体生命是怎样行动的呢？它是以法律而行动的，它不能以别的方式而行动。而法律又是什么呢？那就是公意对于一个共同利益的目标所做出的公开而庄严的宣告。我说是对于一个共同利益的目标，因为目标如果不是关系到大家，法律就会丧失自己的力量而不再成为合法的。"——译注

⑥ 可参看孟德斯鸠《论法的精神》第1卷，第4章。——译注

⑦ "国王"(roi)一词源出拉丁文 rex(动词 regere)，原指执政者。此处使用"国王"一词，系有意表明"国王"与"主权者"不同。至于以"君主"(Prince)一词指行政官共同体(政府)，则为作者的独特用法。——译注

者;[1]而这一整个的中间体则称为君主。[2]所以有人认为,人民服从首领时所根据的那种行为绝不是一项契约,这是很有道理的。[3]那完全是一种委托,是一种任用;在那里,他们仅仅是主权者的官吏,是以主权者的名义在行使着主权者所委托给他们的权力,而且只要主权者高兴,他就可以限制、改变和收回这种权力。[4]转让这样一种权利既然是与社会共同体的本性不相容的,所以也就是违反结合的目的的。

因此,我把行政权力的合法运用称之为政府或最高行政,并把负责这种行政的个人或团体称之为君主或行政官。

正是在政府之中,就可以发现中间力量;这些中间力量的比率就构成全体对全体的比率,也就是主权者对国家的比率。我们可以用一个连比例中首尾两项的比率来表示主权者对国家的比率,而连比例的比例中项便是政府。[5]政府从主权者那里接受它向人民所发布的一切命令;并且为了使国家能够处于很好的平衡状态,就必须——在全盘加以计算之后——使政府自乘的乘积或幂与一方面既是主权者而另一方面又是臣民的公民们的乘积或幂,二者相等。[6]

---

① 《爱弥儿》第 5 卷:“整个执政者的共同体,就构成它的那些人而论,就叫做君主,而就它的行为而论,就叫做政府。”——译注

② 正因为如此,所以在威尼斯即使当大公不出席的时候,人们仍称大议会为 Sérénissime prince(最尊敬的君主)。

③ 见本书第 3 卷,第 16 章。——译注

④ 可参看本书第 3 卷,第 16 章。——译注

⑤ 见本书第 2 卷,第 12 章。——译注

⑥ 这个数学公式是:主权者/政府=政府/国家;也就是:政府×政府(=政府^2)=主权者×国家。这个公式的含义不外是说:政府所施之于国家的行政权力,应该等于主权者所赋给政府的权力。——译注

而且，只要我们变更这三项中的任何一项，就不会不立刻破坏这个比例。如果主权者想要进行统治；或者，如果行政官想要制定法律；或者，如果臣民拒绝服从；那么，混乱就会代替规则，力量与意志就会不再协调一致，于是国家就会解体而陷入专制政体或是陷入无政府状态。[①] 最后，正如在每种比率之间仅只有一个比例中项，所以一个国家也只能有一种可能的好政府。但是，由于千百种事变都可以改变一个民族的这些比率，所以不仅各个不同的民族可以有不同的好政府，而且就是同一个民族在不同的时代也可以有不同的好政府。

为了设法解说可能制约着上述首尾两项之间的各种不同的比率，我可以举一种最易于说明的比率为例，即人口的数目。

假设一个国家是由一万名公民组成的。主权者是只能集体地并作为共同体来加以考虑的；但是每个个人以臣民的资格，则可以认为是个体。于是主权者对臣民就等于一万比一，也就是说，国家的每一个成员自己的那一部分只有主权权威的万分之一，尽管他必须全部地服从主权。假设人民的数目是十万人，臣民的情况依然不变，并且所有的人都同等地担负着全部的法律；然而他的表决权已缩减至十万分之一，于是在制定法律时，他的影响也就缩减至原来的十分之一。这时候，臣民始终还是一，但主权者的比率则随着公民的人数而增大。由此可见，国家越扩大则自由就越缩小。[②]

我所谓比率增大，意思是说它离开相等就愈加遥远了。因

① 这里的意思是说，主权者权力过大则政治体便不能正常地行使职能，政府权力过大则成为暴政，臣民权力过大则成为无政府。——译注

② 可参看本书第1卷，第6、7、8章。——译注

此,在几何学的意义上比率愈大,则在通常的意义上比率就愈小:在前一种意义上,比率是从数量来考虑的,是以商数来衡量的;而在后一种意义上,比率是从相等来考虑的,是以相似值来计算的。

因此,个别意志对公意、也就是说风尚对法律的比率越小,则制裁的力量就应该越加大。从而政府若要成为好政府,就应该随着人民数目的增多而相对地加强。

另一方面,既然国家的扩大给予了公共权威的受托者以更多的诱惑和滥用权力的办法;所以越是政府应该有力量来约束人民,则主权者这方面也就越应该有力量来约束政府。我这里说的不是绝对的力量,而是国家各个不同部分相对的力量。

从这个双比率中就可以看出:主权者、君主与人民三者之间的连比例绝不是一项臆造的观念,而是政治体的本性的必然结果。还可以看出:首尾两项中有一项,即作为臣民的人民,既然是固定不变地等于"一";因而,这个双比率每一次增大或者缩小,则单比例也就照样地增大或者缩小,从而中项也就随之而改变。由此也就可以看出:并不存在什么一种唯一的绝对的政府体制,而是随着国家大小的不同,也就可以有同样之多的性质不同的政府。

假如有人嘲笑这种体系说:为了能发现这个比例中项并组成政府共同体,按照我的办法,只消求出人口数字的平方根就行了;那么,我就要回答说,我这里引用人口的数目只是作为一个例子,我所说的比率并不能仅仅以人数来衡量,而是一般地要以结合了大量因素的作用量[①]来衡量的;而且还有,假如我是为了用简略的

① "作用量"(quantité d'action)为17、18世纪学者们所常用的一个术语,指用一定的力所完成的功。——译注

词句来表达我的意思而暂时借用了几何学的名词,我当然并没有忽视几何学的精确性对于精神方面的数量是全然没有用场的。

政府乃是那个包括政府本身在内的大型政治共同体的小型化。政府是被赋予一定能力的一个道德人格,它像主权者一样是主动的,又像国家一样是被动的;我们还可以把它再分解为其他类似的比率,由此便又产生了新的比例,其中按执政的等级还可以再有比例;① 这样下去,直到一个不可再分的中项为止,也就是说,直到一个唯一的首领或者最高行政官为止,他可以被认为是代表这一整个序列之中的分数级数与整数级数之间的"一"。

我们无须纠缠于这些啰嗦的名词;只要把政府看做是国家之内的一个新的共同体,截然有别于人民以及主权者,并且是这两者之间的中间体,这样就够了。

这两种共同体之间有着这样一种本质的不同,即国家是由于它自身而存在的,但政府则只能是由于主权者而存在的。所以君主的统治意志就只是,或者只应该是公意或法律;他的力量只不过是集中在他身上的公共力量罢了;只要他想使自己获得某种绝对的、独立的行为,整体的联系就会开始涣散。最后,如果君主居然具有了一种比主权者的意志更为活跃的个别意志,并且他竟然使自己所掌握的公共力量服从于这个个别意志,以至于可以说是有了两个主权者,一个是权利上的,而另一个则是事实上的;这时,社会的结合便会立即消灭,而政治体也便会立即解体。

可是,为了使政府共同体能具有一种真正生存,能具有一种

① 按,政府组织包括有不同的等级(政府,政府',政府"),所以这里的数学公式是:政府/政府'=政府'/国家,政府'/政府"=政府"/国家;如此类推。——译注

与国家共同体截然有别的真正生命，为了使它的全部成员都能共同协作并能适应于创建政府的目的；它就必须有一个单独的"我"，有一种为它的全体成员所共有的感情，有一种力量，有一种要求自我保存的固有意志。这种单独的生存就要有大会、内阁会议、审议权与决定权、种种权利和称号以及属于君主所专有的各种特权，并且使行政官的地位得以随着它的愈加艰巨而成比例地愈加尊荣。困难就在于以什么方式在整体之中安排这个附属的整体，从而使它在确定自己的体制时，决不至于变更总的体制，从而使它始终能够区别以保存自身为目的的个别力量[①]和以保存国家为目的的公共力量；从而，一言以蔽之，使它永远准备着为人民而牺牲政府，却不是为政府而牺牲人民。

然而，尽管政府这个人为共同体是另一个人为共同体[②]的产物，而且在某种方式上还只不过具有一种假借的和附属的生命；但是这并不妨碍政府能够以或多或少的生气与敏捷性而行动，并且可以说，能够享有或多或少的茁壮的健康。最后，政府虽不直接脱离其创制的目的，却可能依照它本身建制的方式而或多或少地偏离这个目的。

由于这一切的不同，便使得政府对于国家共同体所能具有的比率，也要按照国家本身会因之而改变的种种偶然的、特殊的比率而有种种不同。因为往往有本身是最好的政府，但若是随着它所属的政治体的缺点而改变它的比率的话，[③]就会变成为最坏的

① "个别力量"指政府的力量。——译注

② "另一个人为共同体"指国家。——译注

③ 1782年及以后的各版本中，这句话作"但若是不曾随着它所属的政治体的缺点而改变它的比率的话。"此处译文据伏汉本改正。——译注

政府。

第二章 论各种不同政府形式的建制原则[①]

为了揭示这些差别的一般原因，这里就必须区别君主[②]与政府，正如我在上面已经区别了国家与主权者一样。

行政官的共同体可以由数目或多或少的成员组成。我们已经说过，人民的数目愈多，则主权者对臣民的比率也就愈大；根据明显的类比，我们可以说政府对行政官[③]的比率也是这样。

然而，政府的全部力量既然始终就是国家的力量，所以也就丝毫不会有变化。由此可见，政府愈是把这种力量耗费在自己成员的身上，则它剩下来所能运用在全体人民身上的力量也就愈小。

因此，行政官的人数愈多，则政府也就愈弱。因为这是一条带有根本性的准则，所以就让我们来好好地阐明一下。

在行政官个人的身上，我们可以区别三种本质上不同的意志：首先是个人固有的意志，它仅只倾向于个人的特殊利益；其次

① 《山中书简》第6书："法律由于它的本性，是不能有一个特殊的、个别的对象的；但是法律的应用则要落实到特殊的、个别的对象上。因此，立法权力——它就是主权者——就需要有另一个权力来加以执行，也就是说把法律转化为特殊的行动。这第二种权力应该由下述的方式而确立，即它永远执行法律并且永远仅只执行法律。由此便有了政府的建制。"——译注

② "君主"系指全体统治者的集体；多数版本（如迦尼蔼本）这里的"君主"（prince）一词均作"原则"（principe）；此处译文据伏汉本及波拉翁本。——译注

③ "行政官"系指参与政府会议并做出决策的高级官吏或最高行政官；可参看本书，第3卷，第3章。——译注

是全体行政官的共同意志，唯有它关系到君主的利益，我们可以称之为团体的意志，这一团体的意志就其对政府的关系而言则是公共的，就其对国家——政府构成国家的一部分——的关系而言则是个别的；第三是人民的意志或主权的意志，这一意志无论对被看做是全体的国家而言，还是对被看做是全体的一部分的政府而言，都是公意。

在一个完美的立法之下，个别的或个人的意志应该是毫无地位的，政府本身的团体意志应该是极其次要的，从而公意或者主权的意志永远应该是主导的，并且是其他一切意志的唯一规范。

相反地，按照自然的次序，则这些不同的意志越是能集中，就变得越活跃。于是，公意便总是最弱的，团体的意志占第二位，而个别意志则占一切之中的第一位。因此之故，政府中的每个成员都首先是他自己本人，然后才是行政官，再然后才是公民；而这种级差是与社会秩序所要求的级差直接相反的。

这一点成立之后，假定整个政府只操在一个唯一的人的手里，在这里个别意志与团体意志是完全结合在一起的，因此团体意志就具有它所能具有的最高的强度。可是，既然力量的运用要取决于意志的程度，而政府的绝对力量又是丝毫不会变化的，由此可见，最活跃的政府也就是一个唯一的人的政府。①

反之，假定我们把政府与立法权威合而为一，假定我们使主权者成为君主，使全体公民通通成为行政官；这时，团体的意志就和公意混同而不会比公意具有更大的活跃性，同时个别意志则仍

① 可参看孟德斯鸠《论法的精神》，第 5 卷，第 10 章。——译注

然保留其全部的力量。这样，永远具有同一个绝对力量[1]的政府，便将处于它的相对力量或者说活跃性的最低程度。

这些比率是无可辩驳的，并且从其他方面来考虑也可以证实这一点。例如，我们可以看到，每一个处于其共同体之中的行政官都要比每一个处于其共同体之中的公民更为活跃，因此之故，个别意志在政府的行动中就要比在主权者的行动中具有更大得多的影响；因为每一个行政官差不多总是担负着某些政府职能的，反之，每个公民分别地说来，却并不具有主权的任何职能。还有，国家愈扩大，则它的实际力量也就愈增大，虽然实际力量的增大并不是和领域大小成比例的；[2]但是，如果国家仍然是同一个国家，行政官的数目纵然可以任意增加，政府却并不会因此便获得更大的实际力量，因为实际力量就是国家的力量，这两者的尺度永远是相等的。这样，政府的相对力量或活跃程度便会减小，而它的绝对力量或实际力量却并不能增大。

还可以肯定：负责的人越多，则处理事务就愈慢；由于过分审慎，人们对于时机就会重视不够，就会坐失良机；并且由于反复考虑，人们往往会失掉考虑的结果。

我刚才论证了，随着行政官的增多，政府也就会松弛下来；并且我在前面也已经论证过，人民的数目愈多则制裁的力量也就应该愈增大。由此可见，行政官对政府的比率应该是和臣民对主权者的比率成反比的；这就是说，国家愈扩大则政府就应该愈紧缩，

① “永远具有同一个绝对力量”，因为这里假设政府掌握国家全部的力量，并假设这个力量是不变的。——译注

② 可参看本书第 2 卷，第 8、9、10 章。——译注

从而使首领的数目得以随着人民的增多而按比例地减少。

还有，我这里谈论的只是政府的相对力量，而不是它的正当性[①]。因为，反过来说，行政官的数目越多，则团体的意志也就越接近于公意；[②]但是在一个唯一的行政官之下，则这一团体意志便正如我所说过的，只不过是一个个别的意志而已。这样，人们失之于一方面的，就可以得之于另一方面；而立法者[③]的艺术就正是要善于确定这样的一点：使永远互为反比例的政府的力量与政府的意志，得以结合成为一种最有利于国家的比率。

第三章 政府的分类

在前一章中我们已考察过了，为什么要按构成政府成员的人数来区分政府的各种不同类别或不同形式；在这一章中还要考察怎样来进行这种分类。[④]

首先，主权者可以把政府委之于全体人民或者绝大部分的人民，从而使作行政官的公民多于个别的单纯的公民。这种政府形

① “正当性”指权力的运用须符合公意。——译注

② 见本书第 2 卷，第 3 章。——译注

③ 此处“立法者”系指“为人民创制”的人（见本书第 2 卷，第 7 章），而不是指制定法律的主权者。——译注

④ 孟德斯鸠《论法的精神》第 2 卷，第 1 章：“有三种政府：共和政府、君主政府、专制政府。要发现这三者的性质，只要用最没有学识的人对此所具有的观念就够了。我提出三个定义，或者不如说三个事实：人民集体或只有一部分人民具有主权权力的政府，便是共和政府；只有一人来统治，但根据固定的和确立了的法律，便是君主政府；反之在专制政府之下则只有唯一的一个人，既无所谓法律，也无所谓规章，完全凭个人的意愿与爱好来支配一切。”又，第 2 章：“在共和政府中，如果人民集体具有主权权力，便是民主制。如果主权权力掌握在一部分人民的手中，就叫做贵族制。”——译注

式，我们名之为民主制。①

再则，也可以把政府仅限于少数人的手里，从而使单纯的公民的数目多于行政官，这种形式就称为贵族制。

最后，还可以把整个政府都集中于一个独一无二的行政官之手，所有其余的人都从他那里取得权力。这第三种形式是最常见的，它就叫做国君制或者皇朝政府。

我们应该指出，所有这几种政府形式②，或者至少前两种形式，都是或多或少可以变动的，甚至还有相当大的变动幅度。因为民主制可以包括全体人民，也可以缩小到人民的半数；而贵族制则可以从人民的半数无限地缩小到极少数的人。即使是王位也可以接受某些划分。斯巴达按它的宪法，是经常有两个王的；③而我们也看到在罗马帝国甚至于同时有八个皇帝，④但我们并不能说罗马帝国是分裂的。因此，每种政府形式总有某一点是与另一种形式相重叠的；并且我们可以看出，在这仅有的三种名称之下，政府实际上所能包含的各种不同的形式，其为数正如国家所可能有的公民数目是一样地多。

此外还有：由于同一个政府在某些方面可以再分为若干部分，一部分以某种方式施政而另一部分则以另一种方式施政；于是这三种形式相结合的结果便可以产生出大量的混合形式，其中

① 可参看本书第2卷，第16章。——译注

② 亚里士多德《政治论》，第3卷，第5章："最高权威必定是操于一人之手，或是操于若干人之手，或是操于多数人之手。"——译注

③ 斯巴达的两个王，是由两个氏族产生的，其主要职务为统率军队作战以及进行某些审判与祭祀。——译注

④ 罗马帝国后期经常有两个皇帝，有时是四个，最多时有八个。——译注

的每一种都可以由这些简单的形式繁衍出来。

关于什么是最好的政府形式,在各个时代里,人们曾经有过许多争论,而并没有考虑到它们之中的每一种形式在一定的情况下都可以是最好的,但在另一种情况下又都可以是最坏的。

如果在不同的国家里,最高行政官的人数应该与公民的数目成为反比;那么,一般说来,民主政府就适宜于小国,贵族政府就适宜于中等国家,而君王政府则适宜于大国。[①] 这条规律是立刻就可以从原则里得出来的。然而,又怎么样计算那些可能构成例外的许多情况呢?

第四章 论民主制

制定法律的人要比任何人都更清楚,法律应该怎样执行和怎样解释。因此看来人们所能有的最好的体制,似乎莫过于能把行政权与立法权结合在一起的体制了。[②] 但也正是这一点才使得这种政府在某些方面非常不足,因为应该加以区别的东西[③]并没有

① 布拉马奇《政治权利原理》:"每一种好政府并不是同等地适宜于一切民族。在这一点上,必须顾及各个民族的气质和特性以及国家的大小。大国很难适应共和制政府,而明智地加以限制的君主制倒是更为适合;但是就中等大小的国家来说,对它们最为有利的则是对人民的普遍性保留着某些照顾的、选举的贵族制。"——译注

② "行政权与立法权结合在一起的体制"即民主制。——译注

③ "应该加以区别的东西"指立法权与行政权的区别。《山中书简》第 8 书:"民主制的体制迄今还不曾很好地被人考察过。谈论民主制的人,还不曾有哪一个是充分区别了主权者与政府以及立法权与行政权的。""有人想象民主制就是全体人民都是行政官或司法官的那样一种政府,""又有人认为自由只不外是选举首领的权利,并且既然他们仅只服从君主,所以他们就相信发号施令的人总是主权者。"——译注

被区别开来，而且由于君主[①]与主权者既然只是同一个人，所以就只能形成，可以这样说，一种没有政府的政府。

以制定法律的人来执行法律，并不是好事；而人民共同体把自己的注意力从普遍的观点转移到个别的对象上来，也不是好事。没有什么事是比私人利益对公共事物的影响更加危险的了，政府滥用法律的为害之大远远比不上立法者的腐化，而那正是个人观点之必不可免的后果。这时候，国家在本质上既然起了变化，一切改革就都成为不可能的了。[②] 一个从不滥用政府权力的人民，也绝不会滥用独立自主；一个经常能治理得很好的人民，是不会需要受人统治的。

就民主制这个名词的严格意义而言，真正的民主制从来就不曾有过，而且永远也不会有。多数人去统治而少数人被统治，那是违反自然的秩序的。我们不能想象人民无休无止地开大会来讨论公共事务；并且我们也很容易看出，人民若是因此而建立起各种机构来，就不会不引起行政形式的改变。

事实上，我相信可以提出这样一条原则，那就是，只要政府的职能是被许多的执政者所分掌时，则少数人迟早总会掌握最大的权威；仅仅由于处理事务要方便的缘故，他们自然而然就会大权在握。

此外，这种政府还得要有多少难于结合的条件啊！首先，要有一个很小的国家，使人民很容易集会并使每个公民都能很容易

① 这里的“君主”指执政者，亦即统治者的共同体。——译注

② “本质”指主权，亦即公意。此处意谓：滥用法律还可以通过新的法律来补救，但立法者自身的腐化则是无法弥补的。——译注

认识所有其他的公民。其次，要有极其淳朴的风尚，以免发生种种繁难的事务和棘手的争论。然后，要有地位上与财产上的高度平等，否则权利上和权威上的平等便无法长期维持。最后，还要很少有或者根本就没有奢侈，[①]因为奢侈或者是财富的结果，或者是使财富成为必需；它会同时腐蚀富人和穷人的，对于前者是以占有欲来腐蚀，对于后者是以贪婪心来腐蚀；它会把国家出卖给虚弱，出卖给虚荣；它会剥夺掉国家的全体公民，使他们这一些人成为那一些人的奴隶，并使他们全体都成为舆论的奴隶。

这就是何以有一位著名的作家[②]要把德行当作是共和国的原则了；因为所有上述这一切条件，如果没有德行，就都无法维持。但是，由于这位优秀的天才没有能作出必要的区分，所以他往往不够确切，有时候也不够明晰；而且他也没有看到，主权权威既然到处都是同样的，所以一切体制良好的国家就都应该具有同样的原则——当然，这多少还要依政府的形式而定。

还应当补充说：没有别的政府是像民主的政府或者说人民的政府那样地易于发生内战和内乱的了；因为没有任何别的政府是那样强烈地而又那样不断地倾向于改变自己的形式的，也没有任何别的政府是需要以更大的警觉和勇气来维持自己的形式的。正是在这种体制之下，公民就特别应该以力量和恒心来武装自己，并且在自己的一生中天天都应该在自己的内心深处背诵着一

① 《科西嘉制宪拟议》："有必要使人人都能生活下去，但没有任何人能发财致富。"《纽沙代尔手稿》："剩余唤起贪心；一个人获得愈多，欲望就愈大。"——译注

② "一位著名的作家"即孟德斯鸠，见《论法的精神》第 3 卷，第 3 章；第 5 卷，第 1 章和序言。——译注

位有德的侯爵[①]在波兰议会上所说的话:“Malo periculosam libertatem quam quietem servitium”(“我愿自由而有危险,但不愿安宁而受奴役”)。

如果有一种神明的人民,他们便可以用民主制来治理。但那样一种十全十美的政府是不适于人类的。

第五章 论贵族制

我们在这里有两种截然不同的道德人格,即政府与主权者;因而也就有两种公意,一种是对全体公民而言的,另一种是仅只对行政机构的成员而言的。因此,尽管政府可以随自己的意思规划自己内部的政策,但是除非是以主权者的名义,也就是说除非是以人民本身的名义,政府是决不能号令人民的;这一点必须永远不能忘记。

最初的社会是以贵族制来治理的。各家族的首领们互相讨论公共事务。年轻人服从着经验的权威,毫不勉强。因此才有了长老、长者、元老、尊长[②]这些名称。北美洲的野蛮人到今天还是这样在治理他们自己的,并且治理得非常之好。

但是,随着制度所造成的不平等凌驾了自然的不平等,富裕

① 波兹南侯爵,即波兰国王的父亲、洛林公爵。❷

❷“波兰国王的父亲、洛林公爵”系指斯丹尼斯拉斯一世,即斯丹尼斯拉斯·列青斯基(Stanislas Ier, Leczinski),初为波兰国王(1704—1735在位),后逊位为法国洛林公爵(1735—1766)。伏汉认为卢梭这里所称引的,实际上是斯丹尼斯拉斯一世祖父的话。——译注

② “长老、长者、元老、尊长”(Prêtres, Anciens, Sénat, Gérontes)这四个词在词源上都指年龄而言。——译注

或权力[①]也就比年龄更为人所看重，于是贵族制就变成了选举[②]的。最后，权力随着财产由父子相承，便形成了若干世家，使政府成为世袭的；于是人民就看到有二十岁的元老了。

从而，便有三种贵族制：即自然的、选举的与世袭的。第一种只适于淳朴的民族；第三种是一切政府之中最坏的一种。第二种则是最好的；它才是严格说来的贵族制。

第二种贵族制除了具有可以区别两种权力[③]的这一优点而外，还具有可以选择自己成员的优点；因为在人民政府[④]中，全体公民生来都是行政官，而贵族制则把行政官仅限于少数人，他们只是由于选举才成为行政官的。[⑤] 用这种方法，则正直、明智、经验以及其他种种受人重视与尊敬的理由，就恰好成为政治修明的新保证。

还有，集会也更便于举行，事务也讨论得更好，实行起来也更有秩序、更加迅速；可敬的元老们比起不知名的或者受人轻视的群众来，也更能够维持国家的对外威信。

总之，最好的而又最自然的秩序，便是让最明智的人来治理群众，只要能确定他们治理群众真是为了群众的利益而不是为了

① 十分显然，古人用 Optimate（“贵族”）这个字并不是指最好的，而是指最有势力的。

② 此处“选举”一词系指选择、挑选、择贤而任，而不是指在会议上投票选举。——译注

③ “两种权力”即立法权力与行政权力。——译注

④ “人民政府”即民主制的政府，见本书第 3 卷，第 4 章。——译注

⑤ 十分重要的是必须用法律来规定行政官的选举形式；因为若是把它委之于君主的意志，那便不可避免地要沦为世袭的贵族制了，就像威尼斯共和国和伯尔尼共和国所曾出现过的那样。威尼斯长期以来早就是一个解体的国家了；而伯尔尼则是由于有极其贤明的元老院，才得以保存下来，这一例外是很光荣的，但也是很危险的。

自身的利益。决不应该徒劳无益地增加机构，也不应该用上两万人来做只需挑出一百个人便可以做得更好的事情。但是也必须指出，共同体①的利益在这里也就开始更少按照公意的命令来指导公共的力量了；而同时，另一种不可避免的倾向②又会从法律夺走一部分执行的力量。③

就其特殊的便利着眼，则一个国家④必须不能太小，人民也不能太简单、太率直，以至于法律的执行竟可以由公共的意志直接来决定，就像在一个好的民主制国家里那样。同时，一个民族也必须不能太大，以至于因治国而分散的首领们得以在各自的辖区内割据主权，由闹独立开始而终于变成了主人。

但是，如果说贵族制比起人民政府来不太需要某些德行的话，它却更需要另外一些为它本身所特有的德行，比如富而有节和贫而知足；因为彻底的平等在这里似乎是不合时宜的，那是就连在斯巴达也不曾见过的。

此外，如果这种形式带有一定程度的财富不平等的话，一般说来，那只是为了可以把公共事务的行政托付给那些最能贡献出

① “共同体”指政府共同体。——译注

② 卢梭《圣彼得修道院长的多元宗教会议》：“局部的利益之分裂国家、之为害于共和国，绝不亚于个人的利益；并且由于人们不惜任何代价要维护自己乃是其中一个成员的那些集体的权利和好恶而自以为荣，所以这种不利就来得更大了；对于损人利己的那种羞耻心，便由于偏爱一个自己也构成为其中一部分的、人数众多的社会而消失不见了；由于当一个好议员的缘故，人们终于变成了坏公民。正是这一点就使得贵族制成为最坏的一种主权。”——译注

③ 可参看本书第3卷，第1章。——译注

④ “国家”原文是大写，指贵族制国家。——译注

自己全部时间的人，而并非像亚里士多德所提出的那样，[①]是为了要使富有者可以常常占先。反之，更重要的倒是，相反的选择有时候会教导人民认识到，人的优点要比财富更有理由值得重视。

第六章　论国君制[②]

以上我们一直是把君主作为由法律的力量而结合成的一个道德的与集体的人格，并作为国家中行政权力的受托者来考虑的。现在我们就来考虑这种权力集于一个自然人的、也就是集于一个真实的人的手里；唯有这个人才有权依法来行使这种权力。这就是人们所说的国君或国王。

其他的行政机构都是由一个集体人格来代表一个个人；唯有这种行政机构则完全与之相反，它是由一个个人来代表一个集体人格的；从而便使得构成为君主的那种精神上的统一，同时也就是一种人身上的统一；凡是在其他制度之下，法律要以极大的努力才能结合起来的种种能力，在这里都自然而然地结合在一起。

这样，人民的意志、君主的意志、国家的公共力量和政府的个别力量，就全都响应着同一个动力，机器的全部力量就都操在同

① 作者在这里关于亚里士多德的叙述是不正确的，见亚里士多德《政治论》第 3 卷，第 14 章；第 4 卷，第 10—11 章；第 6 卷，第 5 章。——译注

② “君主”（Prince）一词，本书在大多数的情况下有其独特的含义而与通常的用法不同。此处“国君制”一词原文为 monarchie，即通常用语的“君主制”；但因 monarque 一词译作“国君”，以示与“君主”有别，所以 monarchie 亦译作国君制，以免混淆。又，按作者的见解，合法的君主制（“国君制”）并不是专制政体；凡王权得自主权者的人民并且是合法地加以运用的，就是合法的君主制，这种君主制本身就是共和制的。可参看本书第 2 卷，第 6 章作者原注。——译注

一只手里，一切都朝着同一个目标前进；这里决不会有任何相反的运动可以彼此互相抵消，而且人们也不可能想象有任何一种别的体制能够以更少的努力而产生更大的作用。安详地坐在岸边的阿基米德①，毫不费力地在引动着一艘浮在水上的大船，在我看来，就很可以象征一位熟练的国君坐在自己的暖阁里治理着他的辽阔的国家；他在推动着一切，自己却显得安然不动。

但是，如果说没有任何别的政府能够具有更多的活力的话，那么也可以说没有任何别的政府，其个别意志是具有更大的势力而且更容易统治其他意志的了。的确，一切都朝着同一个目标迈进；然而这个目标却绝不是公共的福祉。而且就连行政权力本身，也在不断地转化为对国家②的一种损害。

国王总是想使自己成为绝对的，人们遥遥地在向他们呼吁：作一个绝对的国王的最好的方法，就是要使自己受人民爱戴。这条准则是非常之美好的，而且在某些方面甚至于还是非常之真实的。然而不幸，这条准则在宫廷里却受尽了人们的嘲弄。由于受人民的爱戴而得到的权力，无疑的是最大的权力；但它却是不稳定的而又是有条件的，君主们永远也不会以此为满足。就连最好的国王也都想能够为所欲为，却又并不妨碍自己依然做主子。一个政治说教者很可以向国王说，人民的力量就是国王的力量，所以国王的最大利益就在于人民能够繁荣、富庶、力量强大。然而国王很明白这些都不是真话。国王的私人利益首先就在于人民

① 阿基米德（Archimède，即 Archimedes，公元前 287—前 212），古希腊科学家。——译注

② 此处“国家”指全体人民。——译注

是软弱的、贫困的,并且永远不能够抗拒国王。我承认:假如臣民永远是完全服从的话,那么这时候君主的利益也还是要使人民能够强大有力,为的是这种力量既然归他自己所有,也就能够使自己威加四邻。然而由于这种利益仅仅是次要的、从属的,而且这两种假设[①]又是互不相容的;所以十分自然地,君主们就要偏爱那条对于自己是最为直接有利的准则了。这就是撒母耳[②]向希伯来人所强调的;[③]这也是马基雅维里[④]向我们所确凿证明了的。[⑤] 马基雅维里自称是在给国王讲课,其实他是在给人民讲大课。马基雅维里的《君主论》乃是共和党人的教科书。[⑥]

我们根据一般的比率已经发现,[⑦]国君制是仅仅适合于大国的;而且我们就国君制本身来加以考察的结果,也可以发现这一

① “这两种假设”指既假设人民“强大有力”,又假设人民“完全服从”。——译注

② 撒母耳(Samuel,公元前 11 世纪),以色列有名的法官和预言者。——译注

③ 见圣约《旧约·列王记》(上)第 21 章,第 7 节;又《旧约·撒母耳记》(上)第 8 章,第 10—18 节。——译注

④ 马基雅维里的《君主论》写成于 1513 年;《李维论》写成于 1519 年;《佛罗伦萨史》写于 1520—1527 年。——译注

⑤ 见马基雅维里《李维论》第 2 卷,第 2 章。——译注

⑥ 马基雅维里是个正直的人,也是个善良的公民;但由于依附梅狄奇家庭㊀,所以不得不在举国压迫之下把自己对自由的热爱伪装起来。他选择那样一位可诅咒的主人公㊁这件事本身,就充分显示了他的秘密意图;而他的《君主论》一书中的准则与他的《李维论》和《佛罗伦萨史》两书相矛盾,也说明了这位深刻的政论家的读者们至今都是一些浅薄的或腐化的人。罗马宫廷曾严厉禁止他这本书。我很相信这一点,因为这本书描写得最明晰的正是罗马的宫廷。

㊀梅狄奇(Médicis)为佛罗伦萨世族,于 1434—1494,1512—1527,1537—1574 年曾三度掌握佛罗伦萨的政权。——译注

㊁马基雅维里的《君主论》系以恺撒·波尔嘉为其原型。恺撒·波尔嘉(Caesar Borgia,1475—1507)为教皇亚历山大第六(1492—1503 在位)之子、罗曼雅公爵,在历史上以权变、诡诈著称。——译注

⑦ 见本书第 3 卷,第 3 章。——译注

点。公共行政机构的人数越多,则君主对臣民的比率也就越缩小并且越接近于相等;从而在民主制之下这个比率就等于一,或者说完全相等。但是随着政府的收缩,这一比率也就增大;[①]当政府是操在唯一一个人的手里时,这一比率便达到它的最大限度。这时候就可以发现君主和人民之间的距离太大,而国家也就缺乏联系。为了建立联系,于是便必须有许多中间的级别;就必须有王公、大臣和贵族来充实这些中间的级别。[②] 然而这一切完全不适合于一个小国,这一切的等级会毁灭一个小国的。

但是,如果一个大国要治理得好是很困难的,那么要由唯一的一个人来把它治理得好,就要更加困难了;人人都知道,由国王指定代理人的时候会产生什么结果的。[③]

有一种最根本的无可避免的缺点,使得国君制[④]政府永远不如共和制政府,那就是:在后者之中差不多唯有英明能干的人,公共舆论才会把他们提升到首要的职位上来,而他们也会光荣地履行职务的;反之,在国君制之下,走运的人则每每不过是些卑鄙的诽谤者、卑鄙的骗子和卑鄙的阴谋家;使他们能在朝廷里爬上高位的那点小聪明,当他们一旦爬了上去之后,就只能向公众暴露他们的不称职。

① 见本书第 3 卷,第 1 章。——译注

② 孟德斯鸠《论法的精神》第 2 卷,第 4 章:"从属而依附的各种中间权力,就构成君主制政府的本性。"——译注

③ "由国王指定代理人"指 17、18 世纪法国各省的监督官(intendants)。监督官是王权最直接、最有实权的代理人。监督官的设置原是临时性的,在路易十四(1643—1715)时代已成为经常性的,并获得了"公安、司法与财政监督官"的称号。监督官以国王的名义处理所在省的一切政务,并作最后的决定,权力极大,致使各省的行政官形同虚设。——译注

④ 本章中所说的"国君制"系指"专制的"、"不正义的"国君制,而不是指"合法的"或"共和制"的国君制。——译注

人民在这种选择方面要比君主会更少犯错误；而且一个真正有才能的人而能出任阁臣的，几乎就像一个傻瓜而能出任共和政府的首脑一样，是同样罕见的事。因此，如果由于某种幸运的机缘，一个天生治国的人物①居然在一个几乎被一群矫揉造作的执政者们弄得举国陆沉的国君制里执掌了国政的话，他所发挥的才能一定会使人们大为惊讶；这就会给那个国家开辟一个新时代。

要使一个国君制国家能够治理得好，则它的大小或者说它的面积②，就必须视统治者的能力而定。③ 征服一个国家要比治理一个国家容易得多。有一根足够长的杠杆，人们只消用一个手指头便能够摇动全世界；可是要担负起全世界来，却非得有赫居里士④的肩膀不可了。⑤ 一个国家无论是多么的小，但对它来说君主几乎总还是太渺小的。反之，如果当真出现了这种极其罕见的情形，国家对于它的首领来说竟然是太小了的话，⑥那时国家也还

① “一个天生治国的人物”系指旭瓦色公爵（Choiseul，1719—1785），法国路易十五时代的大臣。这里的这句话是本书第一版行将付印时，1762 年 1 月 6 日作者致书出版者雷伊（Rey）嘱其临时插入的，意在取得当时已任首相的旭瓦色的掩护；但这并未能防止本书出版后遭受迫害。可参看《忏悔录》第 2 部，第 11 卷，及 1768 年 3 月 27 日《致旭瓦色先生书》。——译注

② “它的大小或者说它的面积”据波拉翁解说，此处的“大小”系指人口多少，“面积”系指领土广袤。如按这种解说，则译文应作“它的大小和它的面积”。——译注

③ 《纽沙代尔手稿》：“人的力量和大小有一个自然规定的限度。相反地，国家则是一个人为的共同体，它没有任何确定的界限；它所适宜的大小并不是固定的，它可以不断地扩张。”——译注

④ 赫居里士（Hercule，即 Hercules 或 Heracles）为希腊神话中的大力神。——译注

⑤ 《圣彼得修道院长的多元宗教会议》：“关于一切扩张过度的君主制政府，这里有一副流行的形象：谁要是想把持全世界而又没有赫居里士的肩膀，谁就得准备着被压成齑粉。”——译注

⑥ 伏汉认为这句话可能是指当时普鲁士的腓特烈大王（1740—1786）。——译注

是治理不好的;因为首领总是追求自己的雄图远略,于是就忘记了人民的利益;而且由于他滥用他那过多的才干而给人民造成的不幸,[①]也并不亚于一个能力有限的君主由于自己缺乏才干而给人民所造成的不幸。可以这样说,一个王国的每一朝每一代都必须根据君主的能力来加以扩张或者收缩;反之,一个元老院的才干则有着比较稳定的尺度,国家于是就可以有经常不变的疆界,而国家的行政也就不会太坏。[②]

个人专制的政府,其最显著的不便就是缺乏那种连续不断的继承性,而那在其他两种制度之下却构成一种永不间断的联系。一个国王逝世,就需要有另一个国王;选举造成了一种危险的间断期,那是狂风暴雨式的。而且除非公民们能够大公无私、团结一致——这是那种政府简直不能指望的事——否则阴谋与舞弊必将插手进来。把国家收买到手的人到头来而不出卖国家,而不从弱者的身上捞回自己以前被强者所敲去的那笔钱,那是难得有的事。在这样的一种行政机构里,迟早一切都会变成为金钱交易,而且人们在国王治下所享受的和平比起空位时期的混乱来还更要坏得多。[③]

人们都曾经做过些什么事来防止这些弊病呢?人们曾经使王

① 《政治经济学》:"这些大人物是多么危险而又多么可羡,他们的光荣是和人民的不幸掺和在一起的。"——译注

② 《圣彼得修道院长的多元宗教会议》:"经验证明,一个元老院的考虑一般说来,要比一个宰相的考虑更加明智,也领导得更好。"——译注

③ 《爱弥儿》第3卷:"我认为欧洲的大君主们已经没有多少日子好混下去了,一切都燃烧起来了,而整个燃烧中的国家正在促使他们衰亡。我的意见里还有比这条准则更加具体的理由,但这里不必多谈,而且大家是看得太清楚了。"——译注

位固定由某些家族来世袭，并且还规定了继承的顺序，以预防国王逝世时的一切纠纷。这就是说，人们既然是以临朝当政的种种不便来代替选举的不便，所以也就是宁愿要表面的太平而不愿意要贤明的行政；他们宁愿冒着由婴儿、怪人或傻瓜来当首领的危险，但不愿意为了选择好国王而发生纠纷。他们却不曾考虑到，在冒着这种两者择一的危险[①]的时候，他们几乎是使得一切机会都不利于自己了。小但尼斯[②]的父亲谴责小但尼斯一桩可耻的行为时说："我给你做过这种榜样吗？"儿子回答说："啊，但是你的父亲可不是国王啊。"小但尼斯的这句话是很有道理的。

一个人上升到可以号令别人的时候，一切就都来竞相剥夺他的正义感和理性了。据说人们曾煞费苦心地要把统治的艺术教给年轻的君主们；但是看来这种教育并没有使他们受益。人们最好还是先着手教给他们以服从的艺术吧！历史上那些出名的最伟大的国王们所受的教养，绝不是为了进行统治的。统治乃是那样的一种科学：人们学得太多之后，掌握得就最少，但在只知服从而不知号令的时候，就会收获最多。" Nam utilissimus idem ac brevissimus bonarum malarumque rerum delectus, cogitare quid aut nolueris sub alio principe, aut volueris. "[③]（"因为辨别好坏

① "冒着这种两者择一的危险"指王位继承人究竟是好是坏，这个机遇是正反相等的。——译注

② 老但尼斯（公元前 405—前 368 在位），小但尼斯（公元前 368—前 343 在位），父子二人相继为古代叙拉古（Syracuse）出名的暴君。此处所引，事见普鲁塔克书，第 22 节。——译注

③ 此处引文原文为拉丁文，系罗马皇帝戈尔巴（Galba，公元 68—69 在位）的演说词，见塔西佗（Tacite，即 Tacitus，55—120，罗马历史学家）《历史》，第 1 卷，第 16 章。——译注

最有效的也是最简捷的方法，就是想一想自己愿意要什么，不愿意要什么，假如做国王的不是自己而是另一个人的话。”）

这种缺乏连贯性的后果之一，便是皇室政府的变化无常；皇室政府时而规定这种计划，时而规定那种计划，全视作为统治者的君主或其统治的代理人的性格而定；因此便不能长期有一个固定的目标，也不能有一贯的行动。这种变化多端永远会使得国家动荡不定，从一种准则转到另一种准则，从一种政策转到另一种政策；而在其他的政府之下，则由于君主永远是同一的，这种变化也就不会发生。于是我们便可以看出：一般说来，如果说宫廷中有着更多的阴谋诡计的话，那么在元老院中就有着更多的智慧，而共和国则以更稳定的并且遵循得更好的观点朝着自己的目标前进，绝不会是内阁的一次革命便引起国家中的一次革命；[①]因为一切大臣以及差不多一切国王所共有的准则，就是在一切事情上都要采取与他们前任相反的措施。[②]

根据这种不连贯性，我们还可以解决王权派的政论家们所常有的一种诡辩；那就是，他们不仅以国家政治来比附家政，以君主比附家长——这种谬误已经是被我们驳斥过了的[③]——而且还任意地赋予这位行政官以种种他所必须具备的德行，并总是假定君主真的就是他所应当是的那种样子。靠着这种假定，皇室政府就

① 卢梭《波兰政府论》第18章：“王位世袭制防止了纠纷，但却导致奴役；选举维护了自由，但每一度的登基都要动摇国本。”——译注

② 《圣彼得修道院长的多元宗教会议》：“当内阁里面不再有革命，当每一个大臣不再为了给自己制造一点声誉就去摧毁自己前任的全部有益的建树时，政治制度就可以更好地得到贯彻，各种规定也就可以更好地为人遵守了。”——译注

③ 见本书第1卷，第2章。——译注

显然要比其他一切政府更为可取，因为它无可辩驳地乃是最强而有力的政府；而且要不是由于缺少一个更能符合公意的团体意志的话，它还会是最好的政府。

但是，如果按照柏拉图的说法[1]，天性上的国王本来就是极其罕见的人物；那么天性与幸运两者能汇合在一起而把王冠加在他的头上，那就更该是多么的罕见。而且，如果皇室的教育必然会腐蚀接受这种教育的人的话；那么对于那一系列培养出来就是为了治国的人们，我们还能期望什么呢？因此，把皇室政府与一个好国王的政府混为一谈的，就只好是自欺欺人罢了。为了能看清楚这种政府[2]的本身究竟如何，就必须要考虑到昏庸无道的君主治下的政府；因为这些君主们即位时就是昏庸无道的，否则就是王位使得他们昏庸无道的。[3]

上述的难点并没有逃过我们的作家们[4]的眼睛，可是他们竟丝毫不感到为难。他们说，补救之道就只有是毫无怨言地服从。据说上帝震怒时便派遣坏国王降世，所以就必须忍受，看做是上天的惩罚。[5] 这种言论无疑是有启发性的；但是我怀疑把它放在一本政治著作里，是不是还不如放在神坛上要来得更合适一些。

① 柏拉图：《政治篇》。

② “这种政府”指君权专制政府。——译注

③ 《波兰政府论》第 8 章：“有人建议王位世袭制。一旦采用这条法律，你可以肯定波兰就要向自由永别了。”“我想，选举的王位而具有最绝对的权力，要比世袭的王位而只具有形同虚设的权力，对波兰也许更好得多。”——译注

④ “我们的作家们”，指拥护君权专制的理论家（格劳秀斯、霍布斯、费尔玛与鲍修哀）。——译注

⑤ 这是鲍修哀（Bossuet，1629—1704）的说法，见鲍修哀：《摘自圣书的政治论》第 6 卷，第 1、2 条。——译注

一个医生许下了奇迹，而他的全部本领只不过是劝病人忍耐；我们将会说他什么呢？我们很明白，当我们有了一个坏政府的时候，我们必须忍受它；但问题应该是，怎样才能找到一个好政府。

第七章　论混合政府

确切说来，根本就没有单一的政府。一个独一无二的首领也必须有下级的行政官；一个人民政府也必须有一个首领。因此，在行政权力的划分上，总会有着由数目较多到数目较少的级差；不同之点就在于，有时候是多数依附于少数，有时候是少数依附于多数。[①]

有时候，这一划分是相等的；无论其各个组成部分是互相依附的，像英国的政府那样，还是各个部分的权威都是独立的但又是不完备的，像波兰那样。[②] 后一种形式是一种坏形式，因为它使得政府根本不能有统一性，并使得国家缺乏联系。

哪一种政府更好？是单一的政府呢，还是混合的政府呢？这是政论家们所激烈争论的问题；而对于这个问题，也必须做出像我上面在论各种不同的政府形式时所已经得出的同样的答案。[③]

单一政府的本身是最好的，就只因为它是单一的。但是当行

① “多数依附少数”，指国君制与贵族制的政府；“少数依附多数”，指民主制政府；见本书第3卷，第3章。——译注

② 波兰议会直至18世纪末被俄、普、奥三国瓜分而告灭亡为止，一直存在着一种特殊的制度，即所谓单独否决权（Liberum veto）。波拉翁认为这里所指的就是单独否决权，哈伯瓦斯则认为不是。——译注

③ “已经得出的同样的答案”即本书第3卷，第3章所说的：“第一种（政府）形式在一定的情况下都可以是最好的，而在另一种情况下又都可以是最坏的。”——译注

政权力并不是充分依附于立法权力的时候，也就是说当君主对主权者的比率大于人民对君主的比率时；就必须对政府进行划分以弥补这种比例上的失调了。因为这样一来，政府的各个部分对臣民的权威并没有减少，而它们的划分又使得它们全体都合在一起也不如主权者强而有力。

人们还可以设立各种居间的行政官以防止这种不便，这些居间的行政官并不妨害政府的完整，而仅仅能起到平衡上述两种权力的作用并能维护他们相应的权利。这时候的政府并不是混合的，而是有节制的。①

人们还可以用一些类似的方法来补救与此相反的不便；当政府过于松弛的时候，②就可以设立一些委员会使之集中化，这正是一切民主制国家所实行的。在前一种情形下，人们划分政府是为了削弱政府；而在后一种情形下，则是为了加强政府。因为强力的极限与软弱的极限同样地都出现在单一的政府之下，反之，混合的形式则产生适中的力量。

第八章 论没有一种政府形式适宜于一切国家

自由并不是任何气候之下的产物，所以也不是任何民族都力所能及的。我们越是思索孟德斯鸠所确立的这条原则③，就越发感到

① 可参看本书第 4 卷，第 5 章。——译注

② “当政府过于松弛的时候”，指政府掌握在大多数人的手中时。——译注

③ 见《论法的精神》第 16—18 卷。——译注

其中的真理;人们越是反驳它,就越有机会得到新的证据来肯定它。

在全世界的一切政府中,公家都是只消费而不生产的。那么,他们所消费的资料从何而来?那就来自其成员的劳动。正是个人的剩余,才提供了公家的所需。由此可见,唯有当人类劳动的收获超过了他们自身的需要时,政治状态才能够存在。

然而,这种过剩在全世界的各个国家里并不是都一样的。在某些国家里,它是相当大的,但在另一些国家里却微不足道,另有些国家里根本就没有,再有些国家则是负数。这一比率要取决于气候的好坏、土地所需要的劳动种类、物产的性质、居民的力量和他们所必需的消费量的多少,以及这一比率所由以构成的许多其他的类似比率。

另一方面,各种政府的性质也不一样,它们的胃口也有大有小;而且这些不同还要基于另一条原则,即公共赋税距离它们的来源愈远,则负担就愈重。衡量这种担负,决不能只根据税收的数量,而是要根据税收转回到原纳税人的手里时所必须经历的路程。如果这一流转过程既简捷而又规定得好,那么无论人民纳税是多少,都是无关紧要的;人民总会是富足的,财政状况总会是良好的。反之,无论人民所缴纳的有多么少,如果连这一点点也永不再回到人民手里的话,那么由于不断的缴纳,人民不久就会枯竭;于是国家就永远不会富足,人民就永远都是贫困的。

由此可见,人民与政府的距离越扩大,则贡赋也就越沉重;因此,在民主制之下人民负担最轻,在贵族制之下负担较大,在国君制之下就承担着最大的重担了。所以,国君制只适宜于富饶的国家;贵族制只适宜于财富和版图都适中的国家;民主制则适宜于小而贫穷的国家。

事实上，我们越是加以思索，就越会在这里面发现自由国家与国君制国家之间的不同。在前者之中，一切都是用之于共同的利益；而在后者之中，则公共力量与个别力量二者是互为倒数的，一个的扩大乃是由于另一个的削弱。归根到底，专制制度之统治臣民并不是为了要使他们幸福，而是要使他们穷愁困苦，以便统治他们。

在每种气候之下，都有许多自然因素；我们可以根据这些自然因素指出政府的形式，因为政府的形式是受气候的力量所制约的；我们甚至于可以说出它应该具有哪种样子的居民。①

凡是贫瘠不毛的地方，产品的价值抵不上劳动的，就应该任其荒废，或者是只由生番来居住。人们劳动的所得刚刚能维持需要的地方，应该是由一些野蛮民族来居住；在那里，一切典章制度都还是不可能的。② 劳动生产剩余不多的地方，适宜于自由的民族；土地富饶肥沃，劳动少而出产多的地方，则需要以国君制来统治，以便君主的奢侈能消耗掉臣民过多的剩余；因为这种过剩被政府所吸收要比被个人浪费掉好得多。我知道，这里有例外；但是这些例外的本身就证实了这条规律，那就是，它们迟早会产生革命，使得事物又回到自然的秩序。③

永远应该把一般规律与特殊原因区别开来，特殊原因只能影响到一般规律的效果。纵使整个南方布满了共和国而整个北方

① 此处哈伯瓦斯本不分段，译文分段据伏汉本及波拉翁本。——译注

② 此处“生番”指狩猎部族，“野蛮民族”指游牧部族；见孟德斯鸠《论法的精神》第18卷，第11章。——译注

③ 《爱弥儿》卷3：“我们正在接近危机的状态和革命的世纪。”——译注

布满了专制国，然而由于气候的作用，专制之宜于炎热的国土、野蛮之宜于寒冷的国土、美好的典章制度之宜于温带地区，仍然并不因此而减少其为真理。[①] 我也看到人们虽然同意这个原则，但应用起来还是有争论的：人们会说寒冷的国土也有非常肥沃的，南方的国土也有非常贫瘠的。但是这个难题，只有对于那些不从全面的比率来考察事物的人，才真是难题。因为，正如我已经说过的，还必须要计算劳动、力量、消费量等等的比率。

假设有两块相等的土地，其中一块的产量为五，另一块为十。如果前者的居民消耗量为四，而后者的居民消耗量为九；那么，前者产量的过剩是五分之一，而后者的过剩则为十分之一。两者过剩的比率既然与生产量的比率成为反比，所以生产只等于五的那块土地，其剩余就要比生产等于十的那块土地的剩余多出一倍。

然而这并不是个产量加倍的问题，并且我也不相信，有任何人竟然把寒冷国土的丰饶程度一般地等同于炎热国土的丰饶程度。可是，姑且让我们假设有这样的相等；如果我们愿意的话，让我们衡量一下英国之于西西里以及波兰之于埃及吧；再往南就是非洲和印度群岛，再往北就什么也没有了。为了使它们的产量相等，在耕作方面就应该有多大的悬殊啊！在西西里，只需松松土罢了；而在英国却须付出多么大的精工细作啊！因此，在必须用更多的人手才能得到同等产量的地方，它的剩余量也就必然会更少。

---

① 《科西嘉制宪拟议》："瑞士总的说来，是一片贫瘠不毛的土地。它的政府处处都是共和制的。然而在某些比其他州更为富饶的州里，例如在伯尔尼州、苏略尔州和飞来堡州，政府便是贵族制的。在一些更贫苦的州里，在那些耕耘所要求的劳动更多而收获更少的州里，政府便是民主制的。国家只能是具有在贫困的行政机构之下为了生存所必不可少的东西；不是这样，它就会枯萎而死亡。"——译注

除此之外，还应该考虑到同等数量的人在炎热的国土上，其消耗却要少得多。气候要求这里的人们必须节制食欲才能保持健康；欧洲人在这里如果要像在自己家乡里那样生活，一定会死于痢疾和消化不良的。沙尔丹说："比起亚洲人来，我们简直是食肉兽，是豺狼。有人把波斯人吃得少，归咎于他们对土地耕种不足；而我则相反，我相信他们的国家之所以不那么盛产粮食，正是因为居民需要得少。"①他接着又说："如果他们的节食是土地歉收的结果，那就应该只有穷人才吃得少，而不应该所有的人普遍都吃得少；并且在各个省份里，人们也就应该按照土地的丰饶程度而吃得有多有少，却不应该是全王国的人都同样吃得少。波斯人对自己的生活方式非常自豪，他们说只要瞧瞧他们的气色就可以看出，他们的生活方式比基督教徒的生活方式要优越得多了。的确，波斯人的面色都是匀净的；他们的皮肤是美丽的，又细嫩、又有光泽；反之，他们的属民，那些按照欧洲人的方式而生活的阿美尼亚人的面容，则粗糙而多面刺，并且他们的身材也是既肥蠢而又笨拙。"

越是接近赤道，人民生活的所需就越少。他们几乎不吃什么肉类；大米、玉米、高粱、小米和卡萨麸②便是他们的日常食品。印度群岛有好几百万人，他们每天的食品还值不到一苏钱③。就是在欧洲，我们也看到北方民族与南方民族之间，食欲有显著的差

① 沙尔丹（Chardin，1643—1713），法国旅行家，曾在波斯与东印度作过多次旅行。引文见他的《波斯游记》（1735 年，阿姆斯特丹）第 3 卷，第 76 页，第 83—84 页。——译注

② 卡萨麸（cassave），南美洲及非洲热带地区的一种淀粉作物。——译注

③ 苏（sou），法国古辅币，为一镑的二十分之一。——译注

异。一个德国人的一顿晚餐,一个西班牙人可以吃上一星期。在人们比较贪吃的那些国家里,奢侈也就转到食品上面来。在英国,奢侈表现为筵席上的肉食罗列;而在意大利,人们设宴则只是用糖果和鲜花而已。

衣着的奢侈也可以表明类似的差异。在季节变化急遽而剧烈的气候之下,人们穿着得就更好也更简单;但在人们的穿着只是为了装饰的那种气候之下,人们便力求衣服华丽而不求适用了,衣服本身在这里就是一种奢侈品。在那不勒斯,你天天都可以看到有许多人在鲍昔里普[①]山上闲逛,只穿着光彩夺目的外衣而没有内衣。就房屋来说,情形也是一样:当人们完全用不着担心气候会伤害人的时候,他们就一味讲求富丽堂皇。在巴黎,在伦敦,人们要求住得温暖而舒适。但在马德里,人们虽有着精致的客厅,却没有可以关得上的窗子;而且他们就在老鼠洞般的屋子里睡觉。

在炎热的国度里,食物更丰满而多汁——这是第三种差异,而这种差异是不可能不对第二种差异发生影响的。为什么在意大利,人们要吃那么多的蔬菜?就因为意大利的蔬菜好,营养高,滋味美。在法国,蔬菜都是用水浇灌的,所以毫无营养,因而筵席上也就几乎完全没有把蔬菜当一回事。可是它们并不少占土地,并且至少也得费同样的气力去栽培。这是一条已经确定的经验了,巴巴里[②]的小麦尽管次于法国的小麦,可是能出更多的面粉;而法国的小麦却又比北方的小麦出粉更多。由此可以推论:在从

① 鲍昔里普(Pausylippe),意大利那不勒斯附近的小山,为著名的游览区。——译注

② 巴巴里(Barbarie)指北非地中海沿岸地区。——译注

赤道到北极的这个方向上,一般地都可以观察到类似的级差现象。从同等数量的产品之中,所得到的粮食却较少,这岂不是一个显而易见的不利条件吗?

在所有这些不同的考虑之外,我还要补充另一条考虑,它是从这里面引申出来的,并且还可以加强它们。那就是:炎热的国度比寒冷的国度所需要的居民更少,而所能养活的居民却更多;这就产生一种永远有利于专制制度的双重剩余。同样数目的居民所占的地面越广阔,则反叛也就越困难;因为他们无法敏捷地而又秘密地配合一致,而且政府总会很容易揭露反叛的图谋,并切断一切交通的。但是为数众多的人民越是聚集在一起,政府也就越发无法篡夺主权。首领们[①]在他们的密室之中策划,也正像君主在他的内阁会议中是一样地安全;而且群众集合在广场上,也会像军队集合在营房里一样地迅速。因此一个暴君政府的便利之处,就在于它能从远距离上行动。借助于它所建立的各个支点,它的力量就能像杠杆的力量一样随着长度而增大[②]。相反地,人民的力量则只有集中起来才能行动;如果分散开来,它就会消灭,正如洒在地面上的火药的作用,只能是星星点点地燃烧而已。这样,人口最少的国家就最适于暴君制;凶猛的野兽是只能在旷野之中称王的。

① “首领们”指发动反叛的首领们。——译注

② 这和我在前面第2卷,第9章论大国的不便时所说过的话,并不矛盾。前面所谈的是政府对于其成员的权威,而这里所谈的则是它反对臣民的力量。它那些散布开来的成员,就成为它用以从远距离上对付人民的支点,但是它却没有任何可以用来直接对付这些成员本身的支点。因此,在一种情况下,杠杆过长便形成政府的软弱;而在另一种情况下,则又形成政府的力量。

第九章　论一个好政府的标志

如果有人要绝对地提问，哪一种才是最好的政府，那他就是提出一个既无法解答而又无从确定的问题了；或者说——假如我们愿意这样说的话——各民族的绝对的与相对的地位有多少种可能的结合，也就有多少种最好的答案。

但是，如果人们要问，根据什么标志才能识别某一个民族治理得是好还是坏；那就是另一回事了，这个事实问题是可以解决的。

然而，人们却根本没有解决过这个问题，因为每一方都想要按照自己的方式来解决它。臣民们赞赏公共的安宁，公民们赞赏个人的自由；[①]一方宁愿财产有保障，而另一方则宁愿人身有保障；一方要求最好的政府应该是最严厉的政府，而另一方则主张它是最温和的政府；前者要求惩罚犯罪，而后者则要求预防犯罪；一方认为最好是被四邻所畏惧，而另一方则更愿意被四邻所忽视；一方所满意的是金钱的流转，而另一方则要求人民有面包。纵使人们对于这些以及其他的类似之点都能意见一致，是不是这个问题就能前进一步了呢？道德方面的数量[②]是缺乏精确的尺度的，所以即使人们对于这种标志意见一致了，可是在估价上又如何才能意见一致呢？

至于我，我总是惊异何以人们竟不认识一种如此之简单的标

① 此处“臣民”与“公民”系指君主制与民主制。——译注

② 波拉翁本与哈伯瓦斯本此处均作“道德方面的数量”，伏汉本与其他各本均作“道德方面的质量”。——译注

志,或者说何以人们竟这样没有信心而不肯承认这一点。政治结合的目的是为了什么?就是为了它的成员的生存和繁荣。而他们生存和繁荣的最确切可靠的标志又是什么呢?那就是他们的数目和他们的人口了。① 因此,就不要到别的地方去寻找这个聚讼纷纭的标志吧!假定一切情况都相等,那么一个不靠外来移民的办法、不靠归化、不靠殖民地的政府,而在它的治下公民人数繁殖和增长得最多的,就确实无疑地是最好的政府。那个在它的治下人民减少而凋零的政府,就是最坏的政府。② 统计学家们,现在就是你们的事了;就请你们来计算,来衡量,来比较吧。③

---

① 《波兰政府论》第 11 章:"一个自由而正义的政府之确切无误而又自然而然的效果就是人口。"——译注

② 《爱弥儿》第 5 卷:"凡在人口日益减少的土地上,国家都趋向于灭亡;而人口最多的国家,哪怕是最穷困的国家,则毫无疑问乃是治理得最好的国家。"又《科西嘉制宪拟议》:"因此我们要遵循我们首要的原则,那就是,不仅要扩大并增加人口,而且还要尽可能地使人口平均分布在全岛上。"——译注

③ 我们应该根据这同一条原则来判断,就人类的繁荣而论,哪些世纪才是值得我们赞许的世纪。对于我们所见到的那些文艺繁荣的时代,我们赞美得太多了,但并未深究这些文明的隐蔽着的目的,并未考虑它们的不幸的效果:"Idque apud imperitos humanitas vocabatur, quum pars servitutis esset."("愚人们称之为人道的,其实那已经是奴役的开始。")难道从书中的那些嘉句名言里,我们就看不出促使作者们发言的那些庸俗的利益了吗?不,无论他们会说些什么,一个国家尽管它的威名显赫,但只要是人口减少了,就绝不会真的是一切都好。一个诗人年金有十万镑,这并不足以证明他所处的时代就是一切时代中最美好的时代。应该是少注意那些表面的安逸和首领们的从容,而更多地注意整个民族的幸福,尤其是在那些人口最多的国家里。冰雹可以毁坏若干州县,但却极少能造成饥馑。骚动和内战固然大大地吓坏了首领们,但并不会给人民造成真正的不幸;当人们在争论应该由谁来虐待人民的时候,人民甚至于还能松一口气。唯有人民的经常状态,才会产生他们真正的繁荣或真正的灾难,唯有当全体都在羁轭之下被压碎了的时候,这时全体才会毁灭;唯有这时候,首领才能任意地摧残人民,"ubi solitudinem faciunt pacem appellant"(当他们把国土沦为废墟的时候,他们便说和平降临了。)㊀ 当权贵们的纷争激荡着法兰西王国的时候,当巴黎副主教 ㊁ 袖中怀着匕首去出席议会的时候,这并没有妨碍法国人民在一种真正而自由的安逸之中享受幸福并且繁殖人口。往昔的希腊是在最残酷的战争里繁盛起来的,血流成了河,然而整个国土上还是住满了人的。马基雅维里说过,看来似乎我们的共和

第十章　论政府的滥用职权及其蜕化的倾向

既然个别意志总是不断地在反对公意,因而政府也就继续不停地在努力反对主权。这种努力越加强,则体制就改变得越多;而且这里①既然根本没有别的团体意志可以抵抗君主的意志并与之相平衡,因此迟早总有一天君主终于会压倒主权者并毁坏社会条约的。这就是那种内在的、不可避免的弊病之所在,它从政治体一诞生起,就在不休止地趋向于摧毁政治体,就像衰老与死亡最后会摧毁人的身体一样。

一个政府的蜕化有两条一般的途径,即政府的收缩,或者国家的解体。

当政府由多数过渡到少数的时候,也就是说,由民主制过渡到贵族制以及由贵族制过渡到王政的时候,政府便会收缩。这本来是政府的天然倾向。②假如政府是由少数退回到多数,那么,我

国❸就是在暗杀、流放与内战之中强大起来的;公民们的德行、风尚与独立性之加强国家的作用,要胜过一切争端之削弱国家的作用。有一点震荡倒会使人们的心灵富于活力;而真正能使种族繁盛的,与其说是和平倒不如说是自由。

❶ 原注中所引的两条拉丁文,分别见塔西佗《历史·阿格瑞柯拉传》,第21章、第31章。——译注

❷ "巴黎副主教"指17世纪中叶法国内战时期投石党领袖雷慈大主教(J. F. Retz, Cardinal de. 1614—1697)。——译注

❸ "我们的共和国"指佛罗伦萨。——译注

① "这里"指在主权者与君主之间,可参看本书第3卷,第7章。——译注

② 威尼斯共和国在其海湾中的慢慢形成与进展,就提供了这种过程的一个显著的例证;一千二百多年以来威尼斯人似乎还只停留在1198年西拉尔·康塞里奥❶所

们就可以说它是松弛了;然而这一逆转过程是不可能有的。

事实上,一个政府是绝不会改变形式的,除非是到了它的力量的消耗使得它过于衰微,以至于无法继续保持原状的时候。但是,如果政府在扩张的过程中还要使自己松弛的话,政府的力量就会

开始的第二个阶段,这真是令人惊异。至于人们所责难的那些古代的大公们,无论 *Squittinio della libertà veneta*(《威尼斯自由论》)[二] 这本书是怎么讲,但大公们绝不是他们的主权者,这一点是已经证明了的。

一定会有人举出罗马共和国来反驳我,他们要说罗马共和国经历了一个完全相反的历程,是由国君制过渡到贵族制,又由贵族制过渡到民主制的。但我却远不是这样想。

罗穆鲁斯 [三] 最初创立的是一个混合政府,这个混合政府迅速地蜕化为专制政体。由于特殊原因,这个国家过早地夭折了,正像我们看到新生儿在未成年以前就死去那样。塔尔干王朝之被驱逐,[四] 才是共和国真正诞生的时期。但是罗马共和国当初并没有采取稳定的形式,因为罗马人只做了工作的一半,他们并没有消灭贵族 [五] 。因为合法的行政制度之中的最坏的那种制度,亦即世袭的贵族制,就由于这种方式而一直在和民主制相冲突;所以政府的形式也总在变动不定,并且正如马基雅维里证明了的,[六]它只是到设立了保民官 [七] 的时候才固定下来;只有这时候才有了一个真正的政府和一个真正的民主制。事实上,这时的人民不仅是主权者,而且也是行政官和司法官;元老院只不过是一个低一级的执政会议,用以缓冲或者是集中政府权力;而执政官本人,尽管是贵族,尽管是首席行政官,尽管是战时的绝对统帅,但在罗马也不过是人民的主席而已。

自此而后,我们便看到罗马政府循着它自然的倾向而强烈地趋于贵族制。贵族好像是自己消灭了自己,于是贵族制也就不复存在于贵族的共同体之内,像是在威尼斯和热那亚那样,而是存在于由贵族和平民 [八] 所组成的元老院的共同体之内,甚至于是——当保民官开始篡夺主动的权力时——存在于保民官的共同体之内;因为名词对于事物是没有什么关系的,当人民有了为他们进行统治的首领时,无论这些首领的称号是什么,那就总归是一个贵族制。

贵族制的滥用职权就造成了内战与三雄政治 [九] 。苏拉 [十] 、尤利乌斯·恺撒[十一]、奥古斯都 [十二] 事实上已经变成了真正的国君;最后在提贝留乌斯 [十三] 的专制政体之下,国家终于解体。因此,罗马的历史一点也没有驳倒我的原则,反而是证实了我的原则。

[一] 12 世纪威尼斯还存在着一个大议会和一个小议会,此外还有民众大会和大公;但都已逐渐丧失实权。1198 年西拉尔·康赛里奥(Serrar di Consiglio)封闭了威尼斯的大议会,从此平民被剥夺政权,威尼斯的政体遂成为寡头制。——译注

[二]《威尼斯自由论》为 1612 年出版的一本未署名的拉丁文作品,书中主旨在于论证神圣罗马帝国皇帝对于威尼斯的权利;当时有人认为系曾任西班牙驻威尼斯大使贝德玛尔(Bedmar)侯爵所著,后来大多数人认为是奥格斯堡的马可·维尔塞(Marc Velser)所作。此书的法文译本于 1677 年出版。——译注

全部化归乌有,[1]并且它本身也就更难于生存下去。因此,就必须随着政府力量的耗损程度而加以补充和紧缩,否则,这个力量所维系的国家就会沦于毁灭。

国家解体的情况,可以通过两种方式出现。

首先是君主不再按照法律管理国家而篡夺了主权权力。这时就产生了重大的变化;这时就不是政府在收缩,而是国家在收缩了。我是说大的国家解体了,而在大的国家之内就形成了另一个仅只是由政府的成员所构成的国家,这个国家对于其余的人民来说,就只能是他们的主人,是他们的暴君。因而,从政府篡夺了主权的那个时刻起,社会公约就被破坏了;于是每个普通公民就当然地又恢复了他们天然的自由,这时他们的服从就是被迫的而不是有义务的了。[2]

---

❸ 罗穆鲁斯(Romulus),传说中罗马城的建立者,罗马的第一个国王(公元前754—前715在位)。——译注

❹ 塔尔干王朝最末一个王塔尔干第七,即高傲者塔尔干(Tarquin le Superbe,即 Tarquinius Superbus)于公元前510年被驱逐。——译注

❺ 贵族(patriciat,即 patricius),此词原指古罗马贵族。——译注

❻ 见马基雅维里《李维论》第1卷第4章。——译注

❼ 保民官(tribun,即 tribunus)最初的设置是为了保护平民的权利的,保民官对于行政官的法令与元老院的法律有否决权。见本书第4卷,第5章注。——译注

❽ 平民(plébéyens,即 plebes),此词原指古罗马平民。——译注

❾ 指公元前一世纪罗马的内战和由恺撒、庞培、格拉苏斯三人所形成的三头政治。——译注

❿ 苏拉(Sylla,即 Sulla,公元前138—前78),罗马独裁者。——译注

⓫ 恺撒(Jules César,即 Julius Caesar,公元前100—前44),罗马独裁者。——译注

⓬ 奥古斯都(Auguste,即 Augustus),即屋大维(Octave,即 Octavianus),罗马第一个皇帝(公元前63—前14在位)。——译注

⓭ 提贝留乌斯(Tibére,即 Tiberius),罗马第二个皇帝(公元前14—公元37在位)。——译注

① 可参看本书第3卷,第2章。——译注

② 见本书第1卷,第3章。——译注

当政府的成员们分别地篡夺了那种只能由他们集体加以行使的权力时，也会出现同样的情况；这同样是一种违法，并且还能造成更大的混乱。这时候，可以说是有多少行政官就有多少君主；同时国家的分裂也不亚于政府，它不是灭亡就是改变形式。

当国家解体的时候，政府的滥用职权——不论它是什么样的滥用职权——就通称为无政府状态。与此有别，民主制则蜕化为群氓制，贵族制则蜕化为寡头制。我还应当补充说，王政就蜕化为暴君制；但是最后这个名词是含糊不清的，需要加以解释。[①]

在流俗的意义上，一个暴君[②]就是一个不顾正义、不顾法律而用暴力实行统治的国王。但在严谨的意义上，一个暴君则是一个僭据王权但没有权利享有王权的人。希腊人的暴君一词，原意便是如此；凡是其权威不合法的君主，希腊人便称之为暴君，不管他们是好是坏。[③]暴君和篡夺者是两个十足的同义语。

为了给予不同的事物以不同的名称，我要把王权的篡夺者称

① 关于各种不同政治体制的嬗递，作者系受亚里士多德的影响；可参看亚里士多德的《政治学》第 8 卷。——译注

② 暴君（Tyran，即 Tyrannus）或译僭主，此字源出希腊文 Tγραωνοζ，原指未经合法手续而取得政权的人。——译注

③ "Omnes enim et habentur et dicuntur tyranni, qui potestate utuntur perpetua in ea civitate quae libertate usa est."（"凡是在一个习惯于自由的国家里面永远当权的人，就会被人称为或视为暴君。"）（见尼波斯㊀《米提阿底斯㊁传》，第八章。）诚然，亚里士多德（见《尼各马可伦理学》㊂，第八卷，第十章）区别过暴君与国王，前者是为了自己的利益而统治，后者则只是为了臣民的利益而统治；但是所有的希腊作家们一般地都是在另外一种意义上使用暴君这个名词的，尤其是像色诺芬所写的希罗㊃那样；此外，从亚里士多德的这一区别还可以推论出，自从世界开辟以来，还不曾有过一个国王呢。

㊀ 尼波斯（Cornelius Nepos），公元前一世纪罗马历史学家。——译注

㊁ 米提阿底斯（Miltiade，即 Miltiades），死于公元前 498 年，雅典大将，波希战争时击败波斯人于马拉松。——译注

为暴君，而把主权权力的篡夺者称为专制主。暴君是一个违背法律干预政权而依照法律实行统治的人；专制主则是一个把自己置于法律本身之上的人。因而暴君可以不是专制主，但专制主则永远都是暴君。

第十一章 论政治体的死亡

体制最好的政府，其自然的而又不可避免的倾向便是如此。如果斯巴达和罗马都灭亡了，那么，还有什么国家能够希望亘古长存呢？假如我们想要建立一种持久的制度的话，就千万不要梦想使它成为永恒的吧。为了能够成功，就不要去尝试不可能的事，也不要自诩能赋予人类的作品以人类的事物所不允许的坚固性。①

政治体也犹如人体那样，自从它一诞生起就开始在死亡了，它本身之内就包含着使它自己灭亡的原因。但是这两者却都能具有一种或多或少是茁壮的，而又适于使本身在或长或短的时间内得以自保的组织。人体的组织是大自然的作品；国家的组织则是人工的作品。延长自己的生命这件事并不取决于人；但是赋给

㊂《尼各马可伦理学》即亚里士多德《伦理学》一书的通行本，为亚里士多德弟子尼各马可所记录。——译注

㊃ 色诺芬（Xenophon，公元前445—前355），希腊历史学家；希罗（Hieron，即 Hiero），指叙拉古暴君希罗第一（公元前478—前467在位）。——译注

① 《科西嘉制宪拟议》："每个国家从它的诞生到它的灭亡，都有着一个历程、一个自然而又必然的发展过程。为了能使它的一生尽可能地长久，尽可能地美好，与其事后倒不如事先就指出（也就是能预见到）它的消亡时期。我们不应当希望科西嘉一下子就成为它所可能的那种样子，而最好是让它自己去演变为那种样子，让它只上升到它当时所达到的地步，并且自行衰颓。"——译注

国家以它所可能具有的最好的组织，从而使它的生命得以尽可能地延长，这件事可就要取决于人了。体制最好的国家也要灭亡的，但比起别的国家来要迟一些，假如没有意外的偶然事件促使它夭折的话。

政治生命的原则就在于主权的权威。立法权是国家的心脏，行政权则是国家的大脑，大脑指使各个部分运动起来。大脑可能陷于麻痹，而人依然活着。一个人可以麻木不仁地活着；但是一旦心脏停止了它的机能，则任何动物马上就会死掉。

国家的生存绝不是依靠法律，而是依靠立法权。过去的法律虽不能约束现在，然而我们可以把沉默认为是默认，把主权者本来可以废除的法律而并未加以废除看做是主权者在继续肯定法律有效。主权者的一切意图一经宣布，只要他没有撤销，就永远都是他的意图。

人们何以会那样地尊敬古老的法律？那就正是因为这个缘故了。人们愿意相信，唯有古代的意志的优越性才能把那些法律保存得如此悠久；如果主权者不是在始终不断地承认这些法律有益的话，他早就会千百次地废除它们了。这就是何以在一切体制良好的国家里，法律不但远没有削弱，反而会不断地获得新的力量的原因；古代的前例使得这些法律日益受人尊敬。反之，凡是法律愈古老便愈削弱的地方，那就证明了这里不再有立法权，而国家也就不再有生命了。①

① 《波兰政府论》第 10 章："在一个自由的国家里，谁要是提到法律，那就是提到一件会使全体公民人人都在它面前战栗的事情了。……一旦法律的威力衰竭，国家就会精疲力尽而归于灭亡。"——译注

第十二章　怎样维持主权权威

主权者除了立法权力之外便没有任何别的力量，所以只能依靠法律而行动；而法律又只不过是公意的正式表示，[①]所以唯有当人民集合起来的时候，主权者才能行动。[②] 有人会说：把人民都集合在一起，这是多么妄想！在今天，这是一种妄想；但是在两千年以前，这却不是一种妄想。那么，难道是人性改变了吗？

精神事物方面的可能性的界限，并不像我们所想象的那么狭隘。正是我们的弱点、我们的罪过、我们的偏见，把它们给束缚住了。卑鄙的灵魂是绝不会信任伟大的人物的；下贱的奴隶们则带着讥讽的神情在嘲笑着自由这个名词。

让我们根据已经做出过的事情，来考察可能做得到的事情吧。我不谈古代希腊的共和国；但是在我看来，罗马共和国是一个伟大的国家，罗马城是一个伟大的城市。最后一次的户口统计数字表明，罗马有武装的公民四十万人，而全帝国的最后数字则有公民四百万人以上，[③]还不算属民、外邦人、妇女、儿童和奴隶在内。

我们不难想象，这个首都及其周围数量庞大的人民要时常集会，该是多么困难！然而罗马人民很少有一连几个星期不集会的，而且甚至还要集会许多次。罗马人民不仅行使主权的权利，而且还行使一部分政府的权利。他们处理某些事务，他们审判某

① 可参看本书第3卷，第2章。——译注
② 可参看本书第3卷，第11章。——译注
③ 这里的数字并不正确。——译注

些案件，而且全体罗马人民在公共会场上几乎往往同时既是行政官而又是公民。①

如果追溯一下各民族早期的历史，我们就会发现大部分的古代政府，即使是像马其顿人和法兰克人那样的国君制政府，也都曾有过类似的会议。无论如何，这一无可辩驳的事实本身就回答了一切难题。根据现有的来推论可能的，我以为这是个好方法。

第十三章　怎样维持主权权威（续）②

聚会在一起的人民一旦批准了一套法律，便确定了国家的体制；但这是不够的。他们已经建立了一个永久性的政府，或者是一劳永逸地提供了选择行政官的办法；这也还是不够的。除去意外情况所可能需要的特别集会之外，他们还必须有固定的、按期的、绝对不能取消或延期的集会，从而到了规定的日期人民便能合法地根据法律召开会议，而不需要任何其他形式的召集手续。③

但是，除了这种纯属按期举行的法定集会之外，其他一切的人民集会——即凡不是由负有这种责任的行政官依法定形式所

① 见孟德斯鸠《罗马盛衰原因论》第 9 章。——译注

② 本卷自此以下各章，作者大体上系以日内瓦共和国小会议（le petit conseil）的演变为其蓝本。《山中书简》第 6 书："你读到我的书（《社会契约论》——译者）中那段简朴的分析时，有什么感想呢？我猜猜看。你会自言自语说：这是日内瓦政府的历史呀。……她那体制尽管十分美好，却不是没有缺陷的；我们可以预防她所经受的变动，使她免于她目前临头的危险。我预见到了那种危险，我已经宣示了它，我指出了保全之道。为了保护她而指明必须采取的措施，难道这是想要推翻它吗？"——译注

③ 有人认为这里是指法国的三级会议（Etats-généraux）；三级会议自 1614 年至《社会契约论》的写作时，已经将近一个半世纪不曾召开。伏汉认为这里是指日内瓦小会议违宪延期选举与召开全体会议，从而把持了政权。——译注

召集的人民集会——就都应该认为是非法的，而且它所决定的一切也都应该认为是无效的；因为召集会议的命令本身就应当是根据法律的。①

至于合法集会次数的多少，则取决于多方面的考虑，在这一点上我们无法作出确切的规定。我们只能一般地说，政府愈是有力量，则主权者就愈应该经常地表现他自己。②

人们会向我说，这对于仅有一个城市的国家可能很好，但是如果国家包括有许多城市，又该怎么办呢？我们是把主权权威分开来呢？还是应当使之集中于一个城市，并使所有其他的城市都隶属于它呢？

我回答道：我们应该既不用前一种方法，也不用后一种方法。首先，主权权威只有一个；我们分割它，就不可能不毁灭它。其次，一个城市，正如一个国家一样，是不可能合法地隶属于另外一个城市的；因为政治体的本质就在于服从与自由二者的一致，而臣民与主权者这两个名词乃是同一意义的相关语，③这两种观念就结合为公民这一名称。④

我还要回答说，把许多城市结合成为一个唯一的城邦，总归

① 可参看孟德斯鸠《论法的精神》，第 11 卷，第 6 章。——译注

② 《波兰政府论》第 7 章："为了使行政能够有力、良好而又朝着它的目标顺利前进，一切行政权力就应该都掌握在同样那些人的手里。但是仅仅这些人手不变还是不够的，而且还必须使他们尽可能地只是在立法者的视线之下进行活动，应该是由立法者来指导他们。这是使他们不至于篡夺立法权威的真正秘密之所在。只要是各个等级在集会，元老院或者国王就很难压制或者篡夺立法权威。这里提出的这种办法是唯一的办法；它是简便的，而且绝不会是没有效果的。然而我在《社会契约论》中写到这一点之前，竟然没有人提出过它；这真是非常可怪的事。"——译注

③ 可参看本书第 2 卷，第 1、2 章。——译注

④ 见本书第 1 卷，第 6 章。——译注

是坏事；而且想要进行这种结合时，人们也无法自诩可以避免种种天然的不方便。绝不能以大国的滥用权力为借口来反对主张只要小国的人。[1]然而又怎样才能使小国有足够的力量来抵御大国呢？那就得像往昔希腊的城市抵抗过大王[2]那样，那就得像晚近的荷兰和瑞士曾经抵抗过奥地利王朝那样。[3]

不过，人们如果不能把国家缩小到恰当的疆界之内的话，那么就还有另一种办法：那就是根本不许有一个首都，而是把政府轮流地设在每个城市里，并在各个城市里一一地召集全国会议。

使人口平均分布在领土上，使同样的权利普及于各个地方，使到处都享有富足与生命；唯有这样，国家才能成为既是尽可能最强而有力的，而同时又是尽可能治理得最好的国家。请记住：城市的高墙厚垒都只是由乡村房屋的断井颓垣所构成的。每当我看见京城里兴建一座宫殿，我就仿佛看到了这是把整个的国土沦为一片废墟。[4]

---

① 卢梭自己是主张小国的，见本书第 3 卷，第 15 章。——译注

② “大王”指波希战争时波斯王大流士第一（Darius Ier，公元前 521—前 485 在位）与薛西斯（Xerxès，公元前 485—前 465 在位）。——译注

③ “奥地利王朝”即哈布斯堡（Habsburg）王朝。荷兰原为哈布斯堡王朝领地，瑞士原为神圣罗马帝国的一部分；哈布斯堡王朝系奥地利大公兼神圣罗马帝国皇帝，故此处称为“奥地利王朝”。波希战争时，希腊各城邦曾结成联盟；反抗哈布斯堡王朝统治时，荷兰与瑞士均为联邦。本文这句话的意思是说，结成联邦或联盟就“能使小国有足够的力量来抵御大国”。——译注

④ 《爱弥儿》第 5 卷：“两个大小相等、人口数目相同的国家，它们的力量可能是非常之不相等的；二者之中永远是人口在国土上分布得最平均的国家最强。这个国家虽然没有许多大城市，因而也并不出名，但经常却会战胜另一个国家。正是那些大城市才消耗尽了一个国家，并造成它的衰弱。大城市所产生的财富乃是一种假象的与虚幻的财富；那里金钱虽多，但作用不大。有人说，巴黎城对法兰西国王来说等于一个行省；我却相信，它等于好多个行省；而且从各方面来看，巴黎都是靠各省来供养的，各省大部分的收入都流到这个城市里，并且就留在这里，永远不再回到人民手中，也永远不再回到国王手中。”——译注

第十四章　怎样维持主权权威(续)

当人民合法地集会而成为主权者共同体的那个时刻,政府的一切权限便告终止;于是行政权也就中断,于是最渺小的公民的身份便和最高级行政官的身份是同样地神圣不可侵犯,因为在被代表的人已经出现的地方就不能再有什么代表了。罗马人民大会里所出现的骚乱,大部分是由于不知道或者忽略了这条规则的缘故。执政官这时候只不过是人民的主席,保民官只不过是单纯的议长[①],而元老院则毫无地位可言。[②]

在这种中断的期间,君主要承认、或者应该承认有一个实际的在上者,这对于他来说总是可怕的事;而这种人民的集会,由于它是对政治共同体的一种保护与对政府的一种约束,因而在一切时代里都成为首领们的一种恐惧。于是他们总是不惜用尽种种心机、种种反对、种种刁难与种种诺言,力求抗拒公民的集会。假如公民是贪婪的、懦弱的、畏缩的、爱安逸更有甚于爱自由的话,他们就不能长期抗拒政府这种一再的努力了。反抗的力量[③]就是这样不断地在增长着,而主权权威便终将消逝,于是大部分城邦

---

① 其意义大致和英国国会中所使用的这个名词相近似❶。纵令在一切权限都已中断的时候,但这种职能上的相似也还是会使执政官与保民官互相冲突的。

❶此处"议长"原文为 orateur,此词大致相当于英国国会下院的议长(speaker)。——译注

② 《波兰政府论》:"只要立法权力一发言,人人就都回到平等状态,一切权威都要在它面前沉默下来,它的声音就是上帝在大地上的声音。"——译注

③ "反抗的力量"指政府反抗人民(即主权者)的力量。——译注

也就会过早地倾覆并灭亡。

但是在主权的权威与专断的政府之间,有时候会出现一种中间的力量[1];这一点就是下面必须要谈到的了。

第十五章 论议员或代表

一旦公共服务不再成为公民的主要事情,并且公民宁愿掏自己的钱口袋而不愿本人亲身来服务的时候,国家就已经是濒临毁灭了。需要出征作战吗?他们可以出钱雇兵,而自己待在家里。需要去参加议会吗?他们可以推举议员,而自己待在家里。由于懒惰与金钱的缘故,他们便终于有了可以奴役自己祖国的军人和可以出卖自己祖国的代表。

正是由于商业与工艺的扰攘、由于唯利是图、由于柔弱而贪图享受,人身的服务才被转化为金钱。人们拿出来自己的一部分收益,为的是可以更安逸地增加自己的收益。出钱吧,不久你就会得到枷锁的。钱财这个字眼是奴隶的字眼;[2]在城邦里是不知道有这个字眼的。在一个真正自由的国家里,一切都是公民亲手来做,没有任何事情是要用钱的。他们远不是花钱来免除自己的义务,反而是花钱来亲身履行自己的义务。我距离通常的观念委实是太远了;我相信劳役要比租税更不违反自由。[3]

① “中间的力量”即下章所要讨论的议员或代表,议员或代表在主权者和政府之间形成一种“中间的力量”。——译注

② 《科西嘉制宪拟议》:“我认为钱财就像是政治体上的脂肪,它会使得政治体臃肿无力。”——译注

③ 作者在《波兰政府论》(第 11 章)中,曾建议波兰采用这种办法。——译注

国家的体制愈良好，则在公民的精神里，公共的事情也就愈重于私人的事情。私人的事情甚至于会大大减少的，因为整个的公共幸福就构成了很大一部分个人幸福，所以很少还有什么是再要个人费心去寻求的了。在一个政绩良好的城邦里，人人都会奔向大会去的；而在一个坏政府之下，就没有一个人愿意朝着那里迈出一步了，因为没有人对于那里所发生的事情感到兴趣，因为人们预料得到公意在那里是不会占优势的，而且最后也因为家务的操心吸引住了人们的一切。好法律会使人制订出更好的法律，坏法律则会导致更坏的法律。只要有人谈到国家大事时说：这和我有什么相干？我们可以料定国家就算完了。

爱国心的冷却、私人利益的活跃、国家的庞大、征服、政府的滥用权力，所有这些都可以使我们想象到国家议会中人民的议员或代表的来历。他们也就是某些国家里人们所公然称之为的第三等级[①]。这样竟把两个等级的特殊利益摆在了第一位和第二位；而公共利益却只占第三位。

正如主权是不能转让的，[②]同理，主权也是不能代表的；主权在本质上是由公意所构成的，而意志又是绝不可以代表的；它只能是同一个意志，或者是另一个意志，而绝不能有什么中间的东西。因此人民的议员就不是、也不可能是人民的代表，他们只不过是人民的办事员罢了；他们并不能作出任何肯定的决定。凡是不曾为人民所亲自批准的法律，都是无效的；那根本就不是法律。

① 指法国革命前三级会议中的第三等级。——译注

② 见本书第2卷，第1章。——译注

英国人民自以为是自由的;他们是大错特错了。他们只有在选举国会议员的期间,才是自由的;议员一旦选出之后,他们就是奴隶,他们就等于零了。在他们那短促的自由时刻里,他们运用自由的那种办法,也确乎是值得他们丧失自由的。

代表的观念是近代的产物;它起源于封建政府,起源于那种使人类屈辱并使"人"这个名称丧失尊严①的、既罪恶而又荒谬的政府制度。在古代的共和国里,而且甚至于在古代的君主国里,人民是从不曾有过代表的,他们并不知道有这样一个名词。在罗马,保民官是如此之神圣,人们甚至于从不曾想象过他们会篡夺人民的职能,而且他们在那样广大的人群之中也从来不曾试图对于自己作为首领的地位来一次全民投票——这一点是非常之独特的。可是,根据革拉古②时代所发生的情况,即有一部分公民竟从屋顶上进行投票,便可以判断人多数众有时候会造成怎样的麻烦了。

在权利与自由乃是一切的地方,不方便是不算一回事的。这些明智的人民会以恰当的措施来安排一切,他们会让他们的役吏③去做保民官所不敢做的事;因为他们无须害怕他们的役吏会想要代表他们。④

① 按封建制度,臣属须对其领主行臣服礼 hommage,此词系由 homme(人)一词转变而来。行礼之后,臣属就成为领主的"homme"。法国封建时代的法律往往以"homme"作"臣属"解,所以这里说"使'人'这个名称丧失尊严"。——译注

② 革拉古(Gracquee, 即 Gracchus)兄弟,即提贝留乌斯·革拉古(Tiberius Gracchus,公元前 160—前 133)与盖乌斯·革拉古(Gaius Gracchus,公元前 153—前 121),两人都是罗马的保民官,著名的雄辩家。——译注

③ 役吏(Licteur, 即 Lictor),古罗马官吏的扈从,荷斧与木杆跟随长官并逮捕罪人。他们并无实权,也不是代表;他们只保留着古代库里亚大会形式的残余。可参看本书第 4 卷,第 4 章注。——译注

④ 可参看本书第 4 卷,第 4 章。——译注

然而,为了说明保民官有时候是怎样代表人民的,①我们只需设想一下政府是怎样代表主权者的就够了。法律既然只不过是公意的宣告,所以十分显然,在立法权力上人民是不能被代表的;但是在行政权力上,则人民是可以并且应该被代表的,因为行政权力不外是把力量运用在法律上而已。从这一点便可以看出,在仔细加以考察之后,人们就会发现很少有几个民族是有法律②的。无论如何,我们可以肯定,保民官既然不具有任何部分的行政权力,所以就永远不能以其职务上的权利来代表罗马人民,除非是他篡夺了元老院的权利。③

在希腊人那里,凡是人民所需要做的事情,都由人民自己来做;他们不断地在广场上集会。他们生活在温和的气候里,他们绝不贪求;奴隶们在干他们的活儿;他们的大事只是自己的自由。可是如今既已不再有这种同样的便利,又怎么还能保持同样的权利呢?你们那种更严酷的气候使得你们有着更多的需要,④公共会场一年之内有六个月是无法驻足的,你们的含混不清的言语不可能在露天场上被人听清楚;你们关心自己的收入远甚于自己的自由,而你们害怕被人奴役也远不如害怕贫困。

什么!难道自由唯有依靠奴役⑤才能维持吗?也许是的。是两个极端相互接触了。凡是自然界中根本就不存在的事物都会

① 罗马保民官可以代表人民行使否决权。——译注

② “法律”指上文所说的作为“公意的宣告”的法律。——译注

③ 可参看本书第4卷,第5章。——译注

④ 在寒冷的国度而要仿效东方人的奢侈与柔靡,那就是想给自己戴上枷锁了;我们会比他们更加必然地向这二者屈服的。

⑤ “奴役”指古代希腊的奴隶制。——译注

有其不便，而文明社会比起其他一切来就更加如此。的确是有这种不幸的情况，在这种情况下，人们不以别人的自由为代价便不能保持自己的自由，而且若不是奴隶极端地做奴隶，公民便不能完全自由。斯巴达的情况就是如此。至于你们这些近代的人民，你们是根本没有奴隶的，然而你们自己就是奴隶；你们以你们自己的自由偿付了他们的自由。你们曾大事夸耀你们的这种偏爱，然而我发现其中却是怯懦更多于人道。

所有这一切，我的意思绝不是说非有奴隶不可，更不是说奴役权是合法的，因为我已经证明了恰好与此相反。[①] 这里我只是说明，何以自以为是自由的近代人民竟要有代表以及何以古代的人民竟没有代表的原因。不管怎样，只要是一个民族举出了自己的代表，他们就不再是自由的了；他们就不复存在了。

仔细考察了一切之后，我认为除非是城邦非常之小，[②]否则，主权者今后便不可能在我们中间继续行使他自己的权利。但是，如果城邦是非常之小的话，它不会被人征服吗？不会的！下面我就要说明，[③]人们怎样能够把一个大民族的对外力量与一个小国

① 见本书第1卷，第2、4章。——译注

② 《日内瓦手稿》："由此可见，国家最多只能限于一个城。"又，《忏悔录·1756年》："它(《社会契约论》——译者)是为它的祖国(日内瓦——译者)并为像它的祖国那样体制的小国家而写的。"——译注

③ 这就是我准备继本书之后所要做的工作，在探讨对外关系时，我将要讨论邦联制。❶这是一个崭新的题材，它的原则还有待确定。

❶关于自由的小国可以结合成为邦联而与大国共处的见解，卢梭已经拟好提纲并已写出手稿32页，但未成书。据说手稿交给昂特莱格(Antraiques)子爵；大革命中，手稿被毁，现已不存。卢梭在《波兰政府论》第5章中曾建议波兰采用邦联制政府，认为这"是唯一能结合大国和小国的一切优点的政府"。——译注

的简便的制度和良好的秩序结合在一起。①

第十六章 论政府的创制绝不是一项契约

立法权一旦确立之后，就必须同样地确立行政权；因为行政权只能由个别的行为②来加以运用，而并不属于立法权的本质，所以它很自然地是与立法权相分离的。主权者，作为主权者来考虑，假如可能具有行政权的话；那么，权利与事实就会混淆不清，以至于人们再也弄不清楚什么是法律，什么不是法律了。于是这种变了质的政治体就会很快地成为暴力的战利品，虽然政治体原是为了反对暴力而创立的。③

全体公民既然根据社会契约是人人平等的，所以全体就可以规定什么是全体所应该做的事，同时又没有一个人有权利要求别人去做他自己所不做的事。这是使政治体得以生存与活动所必不可少的权利；主权者在创立政府时所赋予君主的，就正好是这种权利。

有很多人认为，④创设政府的行为乃是人民与他们所加之于自己之上的首领之间的一项契约；由于这一契约，人们便规定了

① 《波兰政府论》第7章："大国的最大不便之一——这种不便会使自由极其难于保持——就是立法权自己无法直接表现出来，而唯有通过代议制才能行动。代议制固然有利有弊，但毕竟是弊多利少。立法者的共同体是不可能被腐蚀的，但却易于受欺骗；它的代表是不容易受欺骗的，但却易于被腐蚀。"——译注

② "个别的行为"指行政官的发号施令；"个别的行为""既不能是法律，也不能是主权的行为"。——译注

③ 可参看本书第1卷，第4章。——译注

④ 见霍布斯《利维坦》第2部，第18章；洛克《政府论》第2卷，第8章。——译注

双方间的条件，即一方有发号施令的义务，而另一方有服从的义务。但我确信，人们将会承认这是一种奇怪的缔约方式。[①] 让我们且看这种见解是不是站得住吧。

首先，最高无上的权威是不能加以改动的，正如它是不能转让的一样；限制它也就是摧毁它。说主权者给自己加上一个在上者，这种说法乃是荒谬的、自相矛盾的；自己使自己负有服从一个主人的义务，那就是使自己又恢复了完全的自由。[②]

再者，显而易见，这种人民与某某人之间的契约乃是一桩个别的行为。由此可见，这一契约既不能是法律，也不能是主权的行为，因而它也就是不合法的。

还可以看出，缔约者双方相对间都只处于唯一的自然法之下，而彼此之间的相互协定又没有任何保证；这就在各个方面全都是与政治状态相违背的。手里掌握权力的人既然永远都是执行契约的主人，这就无异是以契约这个名称加之于这样的一种行为，即一个人向另一个人说："我把我的全部所有都给你，条件是随便你愿意还给我多少都可以。"[③]

一个国家中只能有一个契约，那就是结合的契约；而这个契约本身就排斥了其他一切契约。我们无法想象任何另一个公共

① 可参看本书第1卷，第4章。——译注

② "完全的自由"即自然状态。当人民（主权者）"使自己负有服从一个主人的义务"时，国家唯一的契约即社会公约就被破坏了，于是人民便又重新回到自然状态。"完全的自由"柯尔（G. D. H. Cole）英译本作"绝对的自由"，邓哈特（Dernhardt）德译本作"全部原始的自由"。——译注

③ 可参看本书第1卷，第4章。——译注

契约是不会破坏最初的契约的。[①]

第十七章　论政府的创制

然则，应该以怎样的观念来理解创制一个政府的这一行为呢？我首先要指出，这种行为乃是一种复合的行为，或者说，是由其他的两种行为所构成的，亦即法律的确立与法律的执行。

由于前一种行为，主权者便规定，要有一个政府共同体按照这样或那样的形式建立起来；很显然，这种行为就是一项法律。

由于后一种行为，人民便任命首领来负责管理已经确立的政府。但是这一任命只是一桩个别行为，所以它并不是另一项法律，而仅仅是前一项法律的后果，是政府的一种职能。

困难就在于理解，在政府出现之前，人们何以能够有一种政府的行为；而人民既然只能是主权者或者是臣民，在某种情况之下，又何以能够成为君主或者行政官。

也正是在这里才能够发现政治体的最可惊异的性质之一，它就由于这一性质而调和了外表上互相矛盾的活动。因为这一点是由于主权猝然间转化为民主制而告完成的；从而，并没有任何显明可见的变化而仅只是由于全体对全体的另一种新关系，公民就变成了行政官，于是也就由普遍的行为过渡到个别的行为，由法律过渡到执行。

这种关系上的转变绝不是一种思辨上的玄虚，而是有着实践

① 可参看本书第2卷，第4章。——译注

上的例证的；在英国国会里，天天都发生着这种事情。英国国会的下院，在某种情形下，为了能更好地讨论事务，就转变为全院委员会；前一瞬间它还是主权的庙堂，这时就变成了单纯的委员会机构。因此之故，它随后便须向作为下院的它自己本身，提出有关它在全院委员会上所作出的规划的报告；并且在另外一种名义之下，又重新来讨论它自己在前一种名义下所已经决定了的东西。

这就是民主政府所固有的便利，它在事实上仅只由于公意的一次简单的行为就可以确立。从此之后，这个临时的政府[①]或者是继续当权——如果这就是它所采取的形式的话——或者是以主权者的名义而确立一个由法律所规定的政府；这样，一切就都是按规矩做的。此外，就不可能有任何别的合法的方式可以创制政府，而又不致放弃我们以上所奠定的原则。

第十八章　防止政府篡权的方法

从以上的阐述中，就可以得出与第十六章一致的结论：即，创制政府的行为绝不是一项契约，而只是一项法律；行政权力的受任者绝不是人民的主人，而只是人民的官吏；只要人民愿意就可以委任他们，也可以撤换他们。对于这些官吏来说，绝不是什么订约的问题，而只是服从的问题；而且在承担国家所赋予他们的

① “临时的政府”，是因为“那只是人民所赋予行政机构的一种临时的形式”（本书第 3 卷，第 18 章）。——译注

职务时，他们只不过是在履行自己的公民义务，而并没有以任何方式来争论条件的权利。

因此，当人民创制一个世袭政府的时候，无论是一个家族世袭的国君制也好，抑或是某一等级公民世袭的贵族制也好，人民所采取的行动都绝不是任何协定——那只是人民所赋予行政机构的一种临时的形式，直到人民愿意另行加以规定时为止。

诚然，这种改变总是很危险的；所以，除非是政府已经变得与公共福利不能相容，否则就千万不要触动已经确立的政府。然而这种考虑只是一种政治的准则，而绝不是权利的规定；并且国家也无须把政治权威交给它的首领们，正如同无须把军事权威交给它的将领们一样。

同样真确的是，[①]在这类情况之下，人们不会有那么多的小心谨慎来遵守各种必要的形式，以便把正常的、合法的行为与叛乱的骚动区别开来，把全体人民的意志与派系的叫嚣区别开来。尤其是在这里，对于可厌的情况[②]又不得不给予在最严格的权利之下人们所不能加以拒绝的东西；而且也正是从这种义务中，君主才得到了极大的方便，可以不顾人民而保持自己的权力，人们还不能说他是篡夺了权力。因为君主表面上似乎只不过是在行使自己的权利时，非常容易把它们加以扩大，并以公共的安全为借口来禁止那些旨在重建良好秩序的集会；从而他便可以利用一种

① 1762年6月19日，日内瓦政府总检察长根据本章此处以下的六节文字，对作者发出逮捕令，本书旋遭焚毁。——译注

② "可厌的情况"(cas odieux)，这是一个当时久已罕用的法律名词，此处系指人民要求行使权利时可能与公共利益发生冲突的情况。——译注

不容打破的沉默，或者是利用他所制造的不正常的状态，来假定那些因恐惧而缄默的人都是表态在拥护他，并且对那些敢于讲话的人进行惩罚。十人会议①就是这样的；起初他们当选的任期是一年，嗣后又延长一年，终于便不再允许人民大会集会，以期永远保持他们的权力。世界上的一切政府，一旦假之以公共力量之后，迟早都是用这种简便的方法来篡夺主权权威的。

我在前面所谈过②的定期集会，是适用于防止或者推延这种不幸的，尤其是当这种集会并不需要正式召集手续的时候。因为这时候君主若是加以阻止，便不能不公开宣告自己是法律的破坏者和国家的公敌了。

这种只能是以维护社会条约为目的的集会，永远应该是以两个提案而告开始；这两个提案绝不能取消，并且要分别地进行表决。

第一个是："主权者愿意保留现有的政府形式吗？"

第二个是："人民愿意让那些目前实际在担负行政责任的人们继续当政吗？"

我这里所假设的乃是我认为已经证明过了的东西，那就是：在国家之中，并没有任何根本法是不能予以废除的，即使是社会公约也不例外；③因为如果全体公民集合起来一致同意破坏这个公约的话，那么我们就不能怀疑这个公约之被破坏乃是非常合法的。格劳秀斯④甚至于认为每个人都可以退出自己原是其中的一

① 见本书第2卷，第7章注。——译注
② 见本书第3卷，第13章。——译注
③ 见本书第1卷，第7章。——译注
④ 见格劳秀斯：《战争与和平法》，第2章、第5章、第24章。——译注

个成员的国家，并且在离开国土时就重新获得了自己天然的自由和自己的财富。① 如果说集合在一起的全体公民竟不能做他们每个人分别开来所能做的事，②那就未免太荒谬了。

① 这当然是说，他的脱离绝不是为了逃避他的义务，也不是在祖国需要他的时刻，避免为祖国❶服务。那种逃脱是犯罪的，并且是应受惩罚的；那已经不是退出而是背叛了。

❶"祖国"1762 年版作"祖国"(la patrie)，1782 年版作"他的祖国"(sa patrie)。——译注

② "每个人分别开来所能做的事"即"每个人都可以退出自己原是其中的一个成员的国家。"——译注

第　四　卷

第一章　论公意是不可摧毁的

只要有若干人结合起来自认为是一个整体，他们就只能有一个意志，这个意志关系着共同的生存以及公共的幸福。这时，国家的全部精力是蓬勃而单纯的，它的准则是光辉而明晰的；这里绝没有各种错综复杂、互相矛盾的利益，公共福利到处都明白确切地显现出来，只要有理智就能看到它们。和平、团结、平等是政治上一切尔虞我诈的敌人。纯朴正直的人们正由于他们单纯，所以难以欺骗；诱惑和甜言蜜语对他们都用不上，他们甚至还不够精明得足以当傻瓜呢。当我们看到在全世界上最幸福的人民①那里，一群群的农民在橡树底下规划国家大事，而且总是处理得非常明智；这时候，我们能不鄙视其他那些以种种伎俩和玄虚使得自己声名远扬而又悲惨不堪的国家的精明吗？

一个这样治理着的国家只需要很少的法律，而随着颁布新法律之成为必要，这种必要性早已普遍地被人们看到了。第一个提议那些法律的人，只不过是说出了大家都已经感到了的东西而

① “全世界上最幸福的人民”指瑞士各乡村州的居民。——译注

已；使人人都已经决意要做的事情变成了法律，这既不是一个阴谋问题，也不是一个雄辩问题，只要他能肯定别人也会照他这样做。

使理论家们陷于错误的，就在于他们只看到了那些从一开始体制就不好的国家，所以他们就认定在这些国家里是不可能维持这样一种政治制度的。他们喜欢想象一个机警的骗子或者一个巧妙的说客所能用以诱说巴黎人民或伦敦人民的种种无稽之谈。他们不知道克伦威尔是会被伯尔尼的人民关进钟楼的，①波佛公爵②也会被日内瓦人严加管束的。

但是当社会团结的纽带开始松弛而国家开始削弱的时候，当个人利益开始为人所感觉到而一些小社会开始影响到大社会的时候；这时候，公共利益就起了变化并且出现了对立面。投票就不再由全体一致所支配了，公意就不再是众意，③矛盾和争论就露头了；于是最好的意见也都不会毫无争论地顺利通过。

最后，国家在濒于毁灭的时候，就只能以一种幻觉的而又空洞的形式生存下去，社会的联系在每个人的心里都已经破灭了，最卑鄙的利益竟厚颜无耻地伪装上公共幸福的神圣名义；这时

① 克伦威尔（Cromwell，1599—1659），17 世纪英国革命的独裁者；“关进钟楼”为中世纪伯尔尼对公共秩序破坏者的惩罚方式。——译注

② 波佛（Beaufort，1616—1669）公爵，法国国王亨利第四之孙，法国内战时期投石党的领袖。——译注

③ 这里的“众意”与本书第 2 卷第 3 章所说的“众意”，含义不同。这里是指，当公共利益起了质变的时候，则公意实际上只不过是个别的意志，即某些人或某个集团的意志，而不是全体的意志（众意）。作者认为多数表决是产生公意的一种方法，但这需以“公民之间没有任何勾结”，不曾形成“派别与小集团”或者不存在“小社会开始影响到大社会”为其条件。——译注

候，公意沉默了，人人都受着私自的动机所引导，就再也不作为公民而提出意见了，好像国家从来就不曾存在过似的；人们还假冒法律的名义来通过仅以个人利益为目的的种种不公正的法令。

是不是因此之故公意就会消灭或者腐化了呢？不会的，公意永远是稳固的、不变的而又纯粹的；但是它却可以向压在它身上的其他意志屈服。[①] 每一个要使自己的利益脱离公共利益的人都看得很清楚，他并不能把两者完全分开；然而在和他所企求获得的排他性的私利相形之下，则他所分担的那份公共的不幸对他来说就算不得什么了。[②] 但除了这种私利之外，则他为了自己的利益也还是会和任何人一样强烈地要求公共福利的。甚至于是为了金钱而出卖自己选票的时候，他也并未消灭自己内心的公意，他只是回避了公意而已。他所犯的错误乃是改变了问题的状态，乃是对于人们向他所提出的问题答非所问；从而他不是以自己的投票[③]在说，“这是有利于国家的”，反倒是在说，“通过了这样或那样的意见，乃是有利于某个人或某个党派的”。于是集会中的公共秩序的法则[④]就不完全是要在集会中维持公意了，反而更是要对公意经常加以质疑，并由它来经常做出答复。

在主权的一切行为中，仅就投票这一项权利——这是任凭什么都不能剥夺于公民的权利——我在这里就有很多的意见可写。

① 可参看本书第 2 卷，第 3 章。——译注

② 可参看本书第 1 卷，第 7 章。——译注

③ “自己的投票”正本作“自己的投票”(son suffrage)，有的版本作“一张投票”(un suffrage)。——译注

④ “公共秩序的法则”即禁止并防范阴谋诡计、结党营私及秘密组织的法则。——译注

此外，还有关于发言权、提议权、分议权、讨论权等等，这些权利政府总是煞费苦心地要全部保留给它自己的成员。但是这些重要的题材需要另写一篇论文了，[①]我无法在本书里一一谈到。

第二章 论投票

从上一章可以看出，处理一般事物的方式就足以确切地表明道德风尚的实际情况以及政治体的健康状态。在大会里人们越是能和衷共济，也就是说人们的意见越是趋于全体一致，则公意也就越占统治地位；反之，冗长的争论、意见分歧和吵闹不休，也就宣告个别利益之占了上风和国家的衰微。

当国家的体制之中包括有两个或更多的等级的时候——例如罗马的贵族与平民，他们的争执即使是在共和国最美好的时代也经常在扰乱着人民大会——则上述这一点似乎不太显著。然而这种例外多半只是外表的而不是真正的；因为这时候由于政治共同体内在的缺陷，可以说是一国之内有了两个国家。上述这一点对于这两者合起来说虽然不是真确的，但对于它们每一个分别来说却是真确的。而且实际上，即使是在最动荡的时代，但只要元老院不加干涉，人民的投票总是进行得很平静的，并且总是按多数票来表决的；公民们既然只有一种利益，人民便只有一种意志。

但循环到了另一个极端，也会出现全体一致。那就是当公民

① “另写一篇论文”即后来的《山中书简》第7书。——译注

全都沦于奴役状态，既不再有自由也不再有意志的时候。这时候，恐怖和阿谀把投票变成了一片喧嚣；人们不再讨论了，人们不是在赞颂就是在咒骂。罗马皇帝治下的元老院，其表示意见的可耻方式就是如此。有时候它那做法又是谨慎得荒诞出奇。塔西佗曾指出，①在奥东②的治下，元老们在争相詈骂维梯留斯③的时候，竟至同时嚷成一片可怕的喧哗，为的是万一维梯留斯作了主子的话，他也无从知道他们每个人都说了些什么话。

从这些不同的考虑里，便产生了一些准则；我们应该依据这些准则，按辨认公意的难易程度以及国家盛衰的情况，来规定计算票数和排比不同意见的方式。

唯有一种法律，就其本性而言，必须要有全体一致的同意；④那就是社会公约。因为政治的结合乃是全世界上最自愿的行为；每一个人既然生来是自由的，并且是自己的主人，所以任何别人在任何可能的借口之下，都不能不得他本人的认可就役使他。断言奴隶的儿子生来就是奴隶，那就等于断言他生来就不是人。⑤

可是，如果在订立社会公约的时候出现了反对者的话，这些人的反对也并不能使契约无效，那只不过是不许把这些人包括在契约之内罢了；他们是公民中间的外邦人。但是在国家成立以

① 见塔西佗《历史》第 1 卷，第 85 章。——译注

② 奥东(Othon，即 Otho)，罗马皇帝，公元 69 年在位；维梯留斯与奥东争夺皇位，奥东战败自杀。——译注

③ 维梯留斯(Vitellius)，罗马皇帝，公元 69 年在位，即位后不久被卫斯巴襄(Vespasianus)推翻。——译注

④ 本书第 1 卷，第 5 章："多数表决的规则，其本身就是一种约定的确立，并且假定至少是有过一次全体一致的同意。"——译注

⑤ 可参看本书第 1 卷，第 4 章。——译注

后，则居留就构成为同意；而居住在领土之内也就是服从主权。[1]

除去这一原始的契约而外，投票的大多数是永远可以约束其他一切人的；这是契约本身的结果。[2] 但是人们会问：一个人怎么能够是自由的，而又被迫要遵守并不是属于他自己的那些意志呢？反对者怎么能够既是自由的，而又要服从为他们所不曾同意的那些法律呢？

我要回答说，这个问题的提法是错误的。公民是同意了一切法律的，即使是那些违反他们的意愿而通过的法律，即使是那些他们若胆敢违犯其中的任何一条都要受到惩罚的法律。国家全体成员的经常意志就是公意；正因为如此，他们才是公民并且是自由的。[3] 当人们在人民大会上提议制定一项法律时，他们向人民所提问的，精确地说，并不是人民究竟是赞成这个提议还是反对这个提议，而是它是不是符合公意；而这个公意也就是他们自己的意志。每个人在投票时都说出了自己对这个问题的意见，于是从票数的计算里就可以得出公意的宣告。因此，与我相反的意见若是占了上风，那并不证明别的，只是证明我错了，只是证明我所估计是公意的并不是公意。假如我的个别意见居然胜过了公意，那么我就是做了另一桩并非我原来所想要做的事；而在这时

---

① 这当然应该始终理解为只是在一个自由的国家里；否则的话，家庭、财产、无处容身、生活的需要以及暴力等等，都可以不顾一个居民的意愿如何而把他留滞在国内；这时候单凭他的居住，就不再能断定他是同意契约的还是破坏契约的了。

② 可参看本书第2卷，第3章。——译注

③ 在热那亚监狱的大门上和船奴的锁链上，都可以看到 Libertas（自由）这个词。这样的办法，真是又漂亮又恰当。事实上，唯有各国为非作歹的人才会妨碍公民得到自由。在一个把所有这样的人都送去做船奴的国家里，人们便会享有最完美的自由了。

候，我就不是自由的了。

当然，这要假定公意的一切特征仍然存在于多数之中；假如它在这里面也不存在的话，那么无论你赞成哪一边，总归是不再有自由可言的。

前面[①]在说明人们在公共讨论中是怎样以个别的意志代替公意的时候，我已经充分指出了预防这种流弊的实际方法；后面[②]我还要再加以论述。至于可以宣告这种意志的投票比例数，我也已经给出了测定它所应根据的各种原则。[③] 一票之差可以破坏双方相等，一票反对也可以破坏全体一致。然而介乎全体一致与双方相等之间的，却还有许多种数字不等的分配，而对于其中的每一种，我们都可以按照政治体的情况与需要来确定这个数字。

有两条普遍的准则可供我们规定这一比率：一条是，讨论愈是重大，则通过的意见也就愈应当接近于全体一致；另一条是，所涉及的事情愈是需要迅速解决，则所规定的双方票额之差也就愈应该缩小，在必须马上做出决定的讨论中，只要有一票的多数就够了。这两条准则中的前一条似乎更切合于法律，而后一条则似乎更切合于时务。但无论如何，都必须依靠两者的结合才能确定我们可以宣布其为多数的最好的比率。

① 见本书第 2 卷，第 3 章；第 3 卷，第 18 章。——译注
② 见本书第 4 卷，第 3、4 章。——译注
③ 见本书第 1 卷，第 5 章。——译注

第三章 论选举

关于君主与行政官的选举——我已经说过①它是复合的行为②——也有两种途径可以进行，即选定与抽签。这两种中的每一种，都曾在各个不同的共和国里使用过；而且至今在选举威尼斯大公时，我们还可以看到这两者的非常复杂的糅合。③

孟德斯鸠说："以抽签来进行选举，乃是民主制的本性。"④我同意这种说法，但为什么是这样的呢？孟德斯鸠接着说："抽签是一种不会伤害任何人的选举方式；它使每个公民都能有一种为祖国而服务的合理愿望。"这就不成为理由了。

如果我们能注意到选举首领乃是政府的一种职能，而并不是主权的一种职能，那么我们就可以看出为什么抽签的办法最具有民主制的性质；因为在民主制那里，行政机构的行为愈少，则行政机构也就愈好。

在一切真正的民主制之下，行政职位并不是一种便宜，而是一种沉重的负担；人们无法公平地把它加给这一个人，而不加给

① 见本书第3卷，第17章。——译注

② "复合的行为"，因为它既包括法律的制定也包括法律的执行。可参看本书第3卷，第2章。——译注

③ 自13世纪以后，直到威尼斯共和国的末期，威尼斯大公的选举大致是依照如下的办法进行的：大会议选出三十个公民；这三十个公民再选出九个公民；这九个公民再选四十个公民；在这四十个公民之中，以抽签抽定十二个公民；这十二个公民再选二十五个公民；再以抽签由这二十五个公民中抽定九个公民；这九个公民再选出二十五个公民；再由这二十五个公民中抽签抽定十一个公民；这十一个公民再选四十一个公民；最后，由这四十一个公民选举大公。——译注

④ 引文见孟德斯鸠《论法的精神》第2卷，第2章。——译注

另一个人。唯有法律才能把这种负担加给中签的人。因为抽签时，人人的条件都是相等的，而且选择也并不取决于任何人的意志，所以就绝不会有任何个人的作用能改变法律的普遍性。

在贵族制之下，是由君主来选择君主的，是由政府自己来保存自己的；正是在这里，用投票的方法才是非常合宜的。[①]

威尼斯大公选举的例子，远不是推翻了这种区别，反倒是证实了这种区别；那种杂糅的形式正适合于混合政府。因为把威尼斯政府认为是一种真正的贵族制，本来就是一种错误。如果说那里的人民在政府里根本没有份的话，那么那里的贵族本身就是人民了。大量贫穷的巴拿波特[②]是永远不会得到任何行政职位的，而它那贵族也只是拥有"阁下"的空头衔以及出席大会议的权利罢了。那个大会议的人数之多，正和我们日内瓦的全体会议[③]一样，其中最显赫的成员也并不比我们的普通公民[④]更有特权。的确，撇开两个共和国的极端差异之点不谈，则日内瓦的市民恰好就相当于威尼斯的贵

① 见本书第3卷，第5章。——译注

② 威尼斯的贵族分为两等，即贵爵(Seigneur)与巴拿波特(Barnabote)；巴拿波特是贫穷的贵族，此词原指住在圣巴拿波(St. Barnabé)区的居民。——译注

③ "日内瓦的全体会议"(Conseil général à Genève)，包括日内瓦的全体公民与市民。——译注

④ 自16世纪加尔文时代以来，日内瓦人即分为五等：公民、市民、居民、土著与臣民。其中只有前两等——即公民和市民——才有权参与政府和立法。公民享有完全的政治权力，市民可以参与行政但不能担任最高行政官。公民必须是公民或市民之子，并生于本城之内。市民是取得了市民证书的人，市民证书给予他以经营各种商业的权利。公民与市民的总数从未超过一千六百人。居民是由买到了市内居住权的异邦人构成的。土著则是生于本城之内的上述居民的子女，他们没有经营任何一种商业的权利，而且有许多行业对他们是禁止的；但纳税的负担主要是落在他们身上。最后所谓臣民则是日内瓦本土上的其余一切人，不论是否生于日内瓦本土之内；他们在各方面都是毫无地位的。卢梭自己就是"日内瓦的公民"。这里和下文的"我们"都指日内瓦。——译注

族，我们的土著与居民就相当于威尼斯的 citadins（公民）与人民，我们的乡民则相当于威尼斯陆上的臣民。最后，无论人们是以怎样的方式去考察那个共和国，但除了它的地域广阔而外，它的政府绝不会比我们的政府更加是贵族制。全部的不同只在于，我们并没有一个终身的首领，所以我们根本不需要抽签。

在真正的民主制之下，抽签选举并不会有什么不方便；因为在那里人人都平等，不论是在道德和才能方面，还是在品行和财富方面，所以无论选择什么人几乎都无所谓。[①] 然而我已经说过，[②]真正的民主制是根本就不存在的。

当选举与抽签两者并用的时候，凡是需要专门才能的地方，例如军事职务，就应该由选举来任用；而抽签则适宜于只需要有健全的理智、公正与廉洁就够了的地方，例如审判职务，因为在一个体制良好的国家里，这些品质是一切公民所共有的。

在君主制的政府之下，则无论是抽签还是选举都没有任何地位。国君既然是当然的、唯一无二的君主与行政官，所以对他部属的选择权就只能属于他本人。当圣彼得修道院长[③]建议要大事扩充法国国王的御前会议，并以投票来选举它的成员时，他并没有想到他是在建议要改变政府的形式了。

---

① 《波兰政府论》第 14 章："抽签保障了波兰的安宁，杜绝了共和国里的贿赂并且使得选举几乎像继承制一样地平静无事。我们就以这种形式，把选举的全部好处和继承制的全部好处都结合在一起。因为首先王位不再是父子相传，所以就永远也不会再有那种奴役一个共和国的体系继续下来。其次这种抽签形式，其本身就是一种开明而自愿的选举制的工具。"——译注

② 见本书第 3 卷，第 4 章。——译注

③ 圣彼得修道院长（Abbéde St. Pierre，1658—1743），法国著作家，在《论多元会议》（1728）一书中曾建议法国各行政部门采用委员会制。——译注

我还应当谈一下人民大会上的投票与计票的方式;然而也许罗马政治制度史在这方面可以更清楚地阐明我所要奠定的全部准则。一个慎思明辨的读者,能稍微详细地看一看在一个二十万人的会议①上人们怎样地处理公共的和个别的事务,或许是不无裨益的吧。

第四章　论罗马人民大会②

我们完全没有任何有关罗马初期的可靠文献。甚至于看来很有可能,人们谈到有关罗马的大部分事情都只是寓言;③而且一般说来,各民族纪年史上最有教育意义的那部分,亦即他们创业的历史,也正是我们所最缺乏的那部分。经验每天都在教导我们,各个帝国的革命是由于一些什么原因产生的;可是,现在却已不再有民族在形成着了,因而我们就差不多只有凭推测来解说他们是如何形成的。

我们所发现的种种既成习惯,至少表明了这些习惯都有一个起源。凡是能追溯这些起源的传说,凡是根据最大的权威而且又被最有力的推理所证实了的传说,就都应该认为是最确切可靠

① “二十万人的会议”指罗马人民大会。——译注

② 按本章及以后的三章,作者所根据的主要材料是西古尼乌斯(Sigonius)的《古代罗马公民法》与马基雅维里的《李维论》两书。——译注

③ 罗马这个名字,人们都以为是出自罗穆鲁斯,其实它是希腊文,意思是强力;努玛一名也是希腊文,意思是法律。❶看来罗马城这两位最初的国王,不是好像预先就采用了与他们后来所做的事业非常有关的名字了吗?

❶罗穆鲁斯(见本书第3卷,第10章注)为传说中罗马的创建者与第一个国王,努玛(见本书第2卷,第3章注)为罗马第二个国王。过去曾认为罗马 Roma 一词源出希腊文 ρωμη(强力),努玛 Numa 一词源出希腊文 νομος(法律)。这种说法已为现代词源学的研究所否定。——译注

的。这就是我在探索世界上最自由、最强盛的民族怎样行使他们的至高无上的权力时，所力图遵循的准则。

罗马建国之后，新生的共和国——也就是由阿尔班人[①]、沙宾人[②]和异邦人所构成的那支建国者的队伍——就分为三种人；由于这种区分，所以它们的名字就叫作部族[③]。每一个部族分为十个库里亚[④]，每一库里亚再分为若干德库里亚[⑤]，其中为首的便是号称库里昂和德库里昂[⑥]的首领。

此外，从每个部族都征集一支一百名骑兵或骑士的团体，叫作百人团[⑦]；由此可见，这种在一个城市里简直是没有什么必要的划分，当初只不过是军事性的。然而仿佛是一种伟大的本能，预先就使得罗马这个小城为自己制订了一种适宜于作为一个世界首都的政体。

自从这一最初的划分之后，不久就产生了一种不便。那就是阿尔班人的部族（Ramnenses）和沙宾人的部族（Tacienses）始终是处于原来的状态，而异邦人的部族（Luceres）却因异邦人的经常流入而不断地扩大；[⑧]因此这后一个部族不久便超过了前两个部

---

① "阿尔班人"Albain，拉丁文 Albanus。——译注

② "沙宾人"Sabin，拉丁文 Sabinus。——译注

③ "部族"，拉丁文为 Tribus[Tri(三)+bus(字尾 bu)]，原指组成罗马人的三个部分。——译注

④ "库里亚"Curie，拉丁文 Curia。在罗马王政时期，每一部族分为十个库里亚，每一库里亚又分为十个氏族，每一氏族又分为十个家族。——译注

⑤ "德库里亚"Décurie，拉丁文 Decuria，为罗马军队的十人小队。——译注

⑥ "库里昂和德库里昂"Curion，Decurion，拉丁文 Curio，Decurio，意即库里亚长与十人长。——译注

⑦ "百人团"Centurie，拉丁文 Centuria，中译名或作"森都里亚"。——译注

⑧ Ramnenses(拉丁文 Ramnes)，Tacienses(拉丁文 Taties)，Luceres(拉丁文 Luceres)为罗马最古老的三个部族；分别由阿尔班人、沙宾人和异邦人所组成。这三个部族事实上均起源于拉丁族。——译注

族。塞尔维乌斯①针对着这种危险的谬误所找到的补救办法，就是改变划分方法；他废除了种族的划分，代之以另一种根据每个部族在城中所占的地区而进行的划分。他把原来的三个部族分为四个，它们每一个都占领罗马的一座小山，并且以山命名。于是，就在补救当前的不平等的同时，他也就防止了未来的不平等；并且为了要使这种划分不仅是地区的划分而且也是人身的划分，他就禁止居民从一个地区转移到另一个地区去；这便防止了各个种族互相混合。

他又把古来的三个骑兵百人团增加了一倍，并且另外又再增加了十二个，但始终沿用古来的名称；这是既简捷而又明智的办法，他由此便区分开了骑士团体与人民团体，并且使人民毫无怨言。

在这四个城市部族之外，塞尔维乌斯又增加了另外十五个所谓的乡村部族，因为这些乡村部族是由把乡村划分为数目与此相同的乡区的居民所组成的。此后又增加了同样数目的新部族，于是罗马人民便终于分成了三十五个部族；他们从此便固定在这个数目上，直到共和国的终了。

由于城市部族与乡村部族的这一区分，便产生了一种极堪注意的结果；因为以前还从来不曾有过其他的先例，也因为罗马风尚的保持及其帝国的扩张全都有赖于此。人们一定以为城市部族会立刻就攫取权势与尊荣，并且会毫不迟疑地要贬低乡村部族的地位；但事实全然相反。我们是知道早期罗马人对于乡村生活的兴趣的。他们的这种兴趣得自于他们贤明的创造者，这些创造

① 塞尔维乌斯(见本书第 2 卷，第 3 章注)，为罗马王政时期的第六代国王，公元前 578—前 534 年在位。他所进行的改革是以地区划分部族代替已往的以氏族划分部族。——译注

者把农事和军事与自由结合在一起，并且可以这样说，把美术、工艺、阴谋、财富以及奴隶制全都赶进了城市。

这样，罗马全部赫赫有名的人物就都是生活在农村里并且耕种土地，所以人们也就习惯于只在乡村里去寻找共和国的栋梁。这种情况既然是罗马最尊贵的贵族的情况，所以也就受到一切人的尊崇；人们宁愿过乡村人的简朴勤劳的生活，而不愿过罗马市民的游手好闲的生活；而且在城市里一向只不过是个不幸的无产者的人，一旦成为田地里的劳动者之后，就变成为一个受人尊敬的公民了。瓦戎[①]说过，我们高尚的祖先们在乡村里奠定了那些茁壮而勇敢的人的地基，那些人在战争时期保卫着他们，在和平时期养活着他们；这话并不是没有道理的。普林尼[②]还肯定说，乡村部族之所以受人尊崇，就是由于有组成了这些部族的那些人的缘故；反之，人们为了羞辱懒汉们，就把他们很不光彩地迁徙到城市的部族里去。沙宾人阿皮乌斯·克劳底乌斯[③]归来定居于罗马时，是满载荣誉的；他编入了一个乡村部族，而这个部族随后就以他的姓氏命名。最后，被释放的奴隶全都参加了城市的部族，而从没有参加乡村部族的；并且在整个共和国时期都没有过任何一个例子是这种被释放的奴隶获得了任何一个行政职位的，虽说是已经变成公民了。

---

① 瓦戎(Varron，即 Varro，公元前 116—前 27)，罗马历史学家，此处所提及的话见西古尼乌斯《古代罗马公民法》一书中所引。——译注

② 普林尼(Pline，即 Plinius)，此处系指罗马作家小普林尼(公元 61—115)。——译注

③ 阿皮乌斯·克劳底乌斯(Appius Claudius)，传说中罗马十人会议(公元前 451 年)的领袖，十二铜表法的修订者。——译注

这条准则本来是卓越的；但它却被推行得太过分了，以致终于产生了一种变化，而且的确还是政制上的一种流弊。

首先，监察官在长期掌握了可以任意把公民从一个部族转移到另一个部族的权力之后，竟允许大部分人自行编入他们所愿意参加的部族；这种许可确乎是毫无好处的，而且还剥夺了监察权最大的能力之一。此外，权贵们既然都把自己编入了乡村部族，而被释放的奴隶们成为公民之后，又和民众一起留在城市部族里；于是部族，一般说来，便不再是地方性的或者区域性的了。但是大家都已经如此之混杂在一起，以至于人们除了根据登记簿而外便无法分辨各个部族的成员；从而部族一词的观念便由实物的[①]转化为人身的，或者不如说，差不多变成徒有虚名了。

还有，城市部族既然地位更方便，所以在人民大会里常常也是最有势力的，并且还会把国家出卖给不惜向其中的无耻败类贿买选票的那些人。[②]

至于库里亚，则创制者[③]既已制定每一部族都有十个库里亚，所以当时在城墙范围以内的全部罗马人民就构成了三十个库里亚；每个库里亚各有其自己的庙宇、神祇、官吏、祭司及其称为大路节[④]的节日，这一节日类似后来乡村部族中所有的那种乡村节[⑤]。

到了塞尔维乌斯的新的划分时，三十这个数目既不能均等地

① “实物的”指属于土地的。——译注

② 见西古尼乌斯《古代罗马公民法》第1卷，第3章。——译注

③ “创制者”指罗穆鲁斯，传说罗穆鲁斯于公元前753年建罗马城。——译注

④ “大路节”此处原文为拉丁文Compitalia，为古罗马纪念守护神的节日，在大路上举行（拉丁文Compitum，大路），日期由大法官指定；内容包括一次叫做curiales mensae的公共会餐。——译注

⑤ “乡村节”此处原文为拉丁文Paganalia，为纪念农神与地神的节日；每年一月二十六日至二十八日在乡村中（拉丁文pagus，乡村）举行。——译注

分配在他的四个部族里，所以他也就根本无意去触动它们；于是与部族相独立的库里亚，就成了罗马居民的另一种划分方式。然而，无论是在乡村部族中，还是在构成这些乡村部族的人民中，都绝不发生库里亚的问题；因为这些部族既已变成了纯粹的民事组织，而且又已采用了另一种制度来征集部队，所以罗穆鲁斯的军事性的划分就成为多余的了。这样，虽然每个公民都编制在一个部族里，然而却常常没有一个是在库里亚之内的。

塞尔维乌斯还做了第三种划分，这和前面的两种没有任何关系，但由于它的作用，却成为其中最重要的一种。他把全体罗马人民分为六级，这六级既不是按地区[①]也不是按人身，而是按财富来区分的。从而前面的级全是富人，后面的级全是穷人，而中间各级则是拥有中等财富的人。这六个等级又再分为一百九十三个另外的团体，称为百人团；这些团体又是这样分配的：第一级独占其中的半数以上，最后一级[②]则只构成其中的一个团。这样，我们便看到人数最少的一级乃是团数最多的一级，而整个的最后一级却只能算作一个次级的划分单位，尽管这一个级就包括了罗马居民的过半数。

为了使人民不至于识透最后面这种形式的结果，塞尔维乌斯就设法赋予它以一种军事的气氛：他在第二级中插入了两个甲胄士百人团，在第四级中插入了两个军械士百人团；除了最后一级以外，在每一级中他都区分开青年与老年，也就是说，区分开那些

① 此处“地区”(lieu)迦尼藹本作“血缘”(lien)。——译注

② 此处所说的最后一级或第六级，为不入级(infra classem)的无产者(Prolétaire，拉丁文 Proletarius)。——译注

有义务服兵役的人与那些已经达到法定免役年龄的人;这种区分要比财富的区分更有必要经常地进行人口普查和统计;最后他还要求会议在玛尔斯教场[①]上召开,而且所有达到服役年龄的人都须携带武器与会。

塞尔维乌斯之所以不在最后一级中也同样地进行这种区分青年和老年的原因,就在于人们决不让构成最后一级的民众也有拿起武器保卫祖国的荣誉;必须是先有家园,然后才能获得保卫家园的权利。至于点缀着今天各国国王军队里的那些数不清的乞丐队伍,恐怕其中不会有一个是不被罗马人鄙夷地从他们的步兵队里驱逐出去的吧,因为当时的兵士乃是自由的保卫者啊。

然而,在最后一级之中,还可以区别无产者[②]和那些叫做“按人头计数”[③]的人。前者还不是完全沦于一无所有的人,至少还在向国家提供公民;有时候在紧急关头,甚至于还提供兵士。至于那些全然一无所有的人,好些除非按人头便无法计数的人,他们就完全被认为是毫无地位的了;到了马留乌斯[④]才是第一个肯征募他们入伍的人。

我们在这里并不判断这第三种计数办法的本身是好是坏;但我相信可以断言,如果不是早期罗马人的纯朴的风尚、他们的大公无私、他们对农业的兴趣、他们对于商业与牟利的鄙视,这种办

① “玛尔斯教场”(Champ de Mars, 拉丁文 Campus Martius),在罗马城界(Pomerium)以外,百人团大会就在这里召开。——译注

② 无产者的那一个百人团参加开会,但不投票。——译注

③ 此处原文为拉丁文 capite censi,意即“按人头计数”。——译注

④ 马留乌斯(Marius, 公元前 157—前 86),罗马大将,曾七任执政官。——译注

法就不可能付之实践。近代又有哪一个民族，他们的贪得无厌、恓惶不安、阴谋诡计、无休无止的浮沉变幻、永远不断的枯荣反复，是能够使这样一种制度延续上二十年之久，而又不至于颠覆整个国家的呢？我们还必须指出，在罗马，风尚与舆论要比这种制度更有力量，同时也纠正了这一制度的弊病；并且富人过分炫耀了自己的富有，就会被贬到穷人的等级里去的。

从这一切便很容易理解，何以人们差不多总是只提到五级，虽然事实上是有六级的。第六级既不向军队提供兵士，又不在玛尔斯教场上投票，[①]而且在共和国里也几乎没有任何作用，所以也就不大被人当作一回事了。

罗马人民的各种不同的区分便是如此。现在就让我们来看看它们在大会中所起的作用。这些合法召集的大会就叫做人民大会；它们通常是在罗马公共会场[②]上或是在玛尔斯教场上举行，分为库里亚大会[③]、百人团大会[④]和部族大会[⑤]三种；这要看它的召开是依据这三种形式中的哪一种而定。库里亚大会是罗穆鲁斯的创制，百人团大会是塞尔维乌斯的创制，部族大会则是人民的保民官的创制。任何法律唯有人民大会才能批准，任何行政官唯有人民大会才能选举；而且既然没有一个公民是不编入某一个

① 我说在玛尔斯教场上，因为百人团大会是在这里召开的。至于其他两种形式，则人民是在市场上或是在别的地方开会的，这时候“按人头计数”的人就具有和最高级的公民一样的作用和权威了。

② “罗马公共会场”即罗马市场(Forum)。按罗马建于七座小山上，七座小山之间的狭长地带，长期以来即为罗马市集所在，公共集会也在这里举行。——译注

③ “库里亚大会”(comices par curies)，拉丁文 comitia curiata。——译注

④ “百人团大会”(comices par centuries)，拉丁文 comitia centuriata。——译注

⑤ “部族大会”(comices par tribus)，拉丁文 comitia tributa。——译注

库里亚、某一个百人团或某一个部族之内的，因此每个公民都不能被剥夺投票权，因此罗马人民在法律上与事实上都真正是主权者。

为了使大会得以合法地召开，为了使它的行为具有法律的力量，就必须具备三个条件：第一是召集大会的团体或行政官必须赋有为此所必需的权威；第二是大会必须在一个法定的日期举行；第三是占卜必须是吉兆。

第一条规定的原因不需要再作解释了。第二条乃是一项政策措施；这样，在节日与市集的日子就不许举行人民大会，因为这时乡村的人们都进罗马城去办自己的事，所以没有时间能到公共会场上来呆一天。由于有第三条，元老院便可以约束一个高傲而激情的民族，并且可以及时抑制要谋反的保民官的狂热；然而保民官却也找出了各种办法来摆脱这种束缚。

法律与选举首领，绝不是提请人民大会议决的唯一事项；罗马人民还篡取了政府最重要的各种职能，[①]我们可以说，欧洲的命运便是在他们的大会里规定的。开会目的的多样性，就使得这些会议根据其所要表决的事情而采取各种不同的形式。

要评判这些不同的形式，只需加以比较就够了。罗穆鲁斯创设库里亚[②]的用意，是要以人民遏制元老院，又以元老院遏制人民，而他自己则同等地驾驭这二者。于是，他便通过这种形式赋

① 罗马的行政权最初只属于国王及少数贵族，元老院由少数贵族中产生。——译注

② 关于罗穆鲁斯创制的故事纯属传说，不能认为是信史。作者这里采用的说法，是根据马基雅维里《李维论》的第 9 章。——译注

予了人民以整个数量上的权威，用以平衡他所留给贵族们的权势上的与财富上的权威。然而，按照国君制的精神，罗穆鲁斯仍然是留给了贵族们以更多的便利，因为贵族们的受荫庇者[①]可以影响到投票的多数。[②] 这种值得赞美的荫主[③]与受荫庇者的制度，真是一项政治的与人道的杰作；没有这种制度的话，与共和国的精神是如此之背道而驰的贵族制就无法维持了。唯有罗马才有这种荣誉为全世界做出了这样优异的榜样，[④]这一制度从未造成过流弊，但也永远不曾为后人所仿效。

这种库里亚的形式既然在王政时期一直存在到塞尔维乌斯的时代为止，而塔尔干王朝末期的统治又根本不被人认为是合法的；所以一般就以 leges curiatœ(库里亚法)这个名词来指王政时期的法律。

在共和时期，库里亚经常只限于四个城市部族，而且仅只包括罗马城的民众；所以这些库里亚既不能与作为贵族之首的元老院相适应，也不能与虽然是平民但却是作为富裕公民之首的保民官相适

① “受荫庇者”(clients，拉丁文 cliens) 指古代罗马受贵族保护的平民。古罗马的荫庇制度(拉丁文 clientela)为平民与贵族之间的一种依附关系。根据这种制度，受荫庇者对荫主应表示尊敬、忠心并负有按期交纳金钱或实物的义务，在人民大会中应顺从荫主的意见而投票。荫主则指导受荫庇者，在法庭上为受荫庇者辩护，当受荫庇者贫困时予以相当的补助。在罗马王政时期和早期共和国时期，受荫庇者集团是罗马贵族的主要社会支柱。——译注

② 当时计票的方法似乎并不是如作者此处所说的按人数计票，而是按家庭计票的。家族之长系以家族成员及其被保护人的名义进行投票。——译注

③ “荫主”(patron)，拉丁文 patronus。——译注

④ 按罗马传说，保护制度也是罗穆鲁斯首创的。事实上，保护制度远较罗穆鲁斯的时代为早，在城邦出现之前，就已存于氏族之中了。在古代希腊和意大利曾经普遍地存在过这种制度。——译注

应。因而它们便丧失了信用,它们威信扫地到了这种地步,竟致它们的三十名役吏①集合起来就做出了库里亚大会所应该做的事情。

百人团的划分法是如此之有利于贵族制,以致人们起初很难看出:人民大会既然是以百人团大会为名,而执政官、监察官和其他的象牙行政官②又都是由它选出的,那么何以元老院在其中却始终不能占优势。事实上,构成了全体罗马人民六个级的这一百九十三个百人团,第一级就占了其中的九十八个;③而且既然是只按百人团来计票,所以第一级一个级就超过了所有其他各级票数的总和。当第一级所有的百人团④意见都一致的时候,人们干脆就不再计算票数了;最少数的人所决定的事,便被通过成为大多数人的决议。因而我们可以说,在百人团大会里一切事情之由金钱的多少来规定,要远甚于其由票数的多少来规定。

然而,这种极端的权威却有两种方法可加以削弱。首先,保民官照例是,而且大多数的平民也总是属于富有者的等级的;所

① 役吏,见本书第3卷,第15章注。罗马共和时期的人民大会有三种形式,即库里亚大会、百人团大会和部族大会。库里亚大会为罗马人民大会最古老的形式,王政时期即已存在,具有最大权威。塞尔维乌斯改革之前,它是"罗马人民"(Populus Romanus)及贵族的唯一集会形式。百人团大会和部族大会出现之后,库里亚大会便丧失了它的实际意义,而仅仅保留着形式。它只有一种纯属形式的权利,即把统治权(imperium)依一项库里亚法授给由百人团大会所选举出来的高级官吏。这样做的时候并不需要库里亚的成员出席,只需要三十个库里亚有三十名役吏和三名占卜祭司出席就够了。——译注

② "象牙行政官"(magistrats curules,拉丁文 curulis),指古罗马有资格坐象牙椅的官吏,即执政官、大法官(préteur)、监察官、象牙司礼官(édiles curules)和独裁者。——译注

③ 第一级九十八个百人团中包括十八个骑兵百人团和八十个步兵百人团。——译注

④ 正本作"第一级所有的百人团"(toutes ses centuries),有的版本作"所有这些百人团"(toutes ces centuries)。——译注

以他们便在这第一级里面与贵族们的威信分庭抗礼。

第二种方法是这样的：不让百人团一开始就按他们的级别——这总是要从第一级开头的——进行投票，而是用抽签抽出一个百人团，让这个百人团①单独进行选举；然后在另一天再按等级召集全体的百人团重新进行这同一项选举，而通常结果也都相符。这样，开例示范的权威便按民主制的原则，由级别让给了抽签。

这种办法还产生了另一种好处，那就是乡村的公民在两次选举之间，可以有时间了解临时被提名为候选人的优点，以便在了解情况以后才投他们的票。但是在要求迅速的借口之下，这种办法便终于被废止了，于是两次选举就在同一天之内进行。

确切地说，部族大会才是罗马人民的议会。部族大会只能由保民官召集；会上选出保民官并通过平民制定的法律②。元老院在这里不仅毫无地位，而且甚至没有出席的权利；元老们既然不得不服从他们自己并不能投票表决的那些法律，③所以在这方面，就要比一个最卑微的公民还更少自由。但这种不公道却全然被

① 被这样抽签所抽中的那个百人团，就叫做 praerogativa❶，因为人们要让它第一个去投票，而这就是 prérogative 这个名词的由来。

❶praerogativa，拉丁文"优先"。此词原指罗马人民大会中投第一票的部族或百人团。下面的 prérogative 为法文"优先"。这里所提到的这一改革是盖乌斯·革拉古所实行的。这一抽签首先由第一级的一个百人团来进行，叫做"优先百人团"(centuria praerogativa)，然后再依次按各级的顺序由各个百人团来进行，而不是如作者此处所说的可以由任何一级的一个百人团来进行。抽签与中签均带有很大的宗教神秘性，而不是如作者此处所说的只是为了以民主制的精神来消除特权。——译注

② "平民制定的法律"(plébiscites)，拉丁文 plebiscitum。——译注

③ 据传说，罗马保民官制度创立于公元前 494 年。至少自公元前 471 年以后，便已在部族大会上选举保民官。在整个罗马共和时期，只有平民才能担任保民官。最初保民官只召集人民大会，担任大会的主席，并提出建议；其后逐渐参与一般立法，并取得了召集元老院开会的权利。——译注

人误解了，而仅此一点就足以使一个不曾容纳其全体成员的公共团体的法令全部失效的。当所有的贵族以他们作为公民所具有的权利而出席大会时，他们这时已经是单纯的个人，所以便很难影响到这种按人计票的表决形式，因为在这里最渺不足道的无产者也可以和首席元老①一样。

由此可见，除了如此众多的人民由于投票时各种不同的分配方式而产生的秩序之外，这些分配方式的本身也并不能归结为是无关重要的形式；其中的每一种，对于当时使得人们之所以要选择这一方式的目的来说，都有其相对的作用。

这里无庸多谈细节，根据以上的阐述就可以得出结论说：部族大会最有利于人民的政府，而百人团大会则最有利于贵族制。至于库里亚大会，那里唯独罗马民众构成了其中的大多数，它就只能有利于暴君制与险恶的用心；所以库里亚大会便遭人非难，就连那些叛乱者们也都避免使用这种可能使得自己的阴谋过分暴露的办法。毫无疑义，罗马人民的全部尊严唯有在百人团大会里才能充分表现出来，唯有百人团大会才是全体的；因为在库里亚大会里没有包括乡村各部族，而在部族大会里又没有包括元老院和贵族。

至于计算票数的方法，在早期罗马人中间就像他们的风尚一样地简单，虽说还不如斯巴达那么简单。每个人都高声唱出自己的一票，由一个记录员依次把它们记下来；每个部族中的多数票便决定了本部族表决的结果，各部族间的多数票就决定了人民表决的结果；库里亚和百人团也是这样。唯有正直在公民中间占有

① “首席元老”(prince du sénat)，拉丁文 princeps senatus。——译注

统治地位，人人都耻于公开地投票赞成一种不公正的意见或一个不体面的臣民的时候，这种办法才是好的；但是当人民腐化而可以进行贿选的时候，那就适宜于采用秘密的投票方法了，为的是可以用不信任来制止贿选者，并且也可以给那些流氓无赖们提供一种不至于沦为卖国贼的办法。①

我知道西塞罗是谴责这种改变的，②而且他把共和国的灭亡部分地归咎于这一点。可是，我虽然也能体会西塞罗的权威在这里所应有的分量，但我却不能同意他的意见。相反地，我认为正是由于这类的改变做得太不够了，才促成了国家的灭亡。正像健康人的营养不宜于病人一样，我们也绝不能要求把适用于善良人民的同样的法律拿来治理腐化了的人民。没有什么比威尼斯共和国的悠久的历史更能证明这条准则的了；威尼斯共和国的影子至今还存在，③就完全是因为威尼斯的法律仅仅适用于坏人④。

于是，每个公民都被分给一张票，每个公民在投这张票时都可以不让别人知道他的意见是什么。⑤ 同时，关于收票、计票、比

---

① 此处意谓流氓无赖虽然出卖了自己的选票，但因为投票是秘密进行的，所以仍然可以不投贿选者的票，从而可以不至于出卖自己的国家。百人团会议最初是公开投票的，至公元前二世纪末叶改为秘密投票。——译注

② 见西塞罗《论法律》第4卷，第15—17章。——译注

③ 威尼斯建国于公元451年，在卢梭写《社会契约论》的时候，威尼斯共和国还存在着，直到《社会契约论》出版以后三十年才告结束。——译注

④ 马基雅维里《李维论》第1卷，第18章："一个共和国诞生时确立了种种政令和法律，这时人民都是善良的；后来人民变坏了，这些法律也就不能再适用了。……在罗马，如果人们想要保持自由的话，就必须重新规定政府的体制，而且由于同一理由，也必须制定适合时宜的新法律；因为对于一种坏材料只能用不同于整治好材料的另一种方式去整治它，而对于完全相反的臣民，人们也不能只规定一种雷同的形式。"——译注

⑤ 罗马公民进行秘密投票是不记名的，每个公民只需在自己的票上写上 A.（拉丁文"否"Antiquo 的缩写），或者 U. R.（拉丁文"是"Uti Rogas 的缩写）。——译注

较数字等等，还确定了一些新的手续。但是所有这些都未能防止负责这项职务①的官吏们的忠诚不经常受到怀疑。最后，为了防止投票的舞弊与交易，还制定过种种禁令，而其数目之多却正好表明了它们的无效。

到了末期②，罗马人就常常不得不乞援于种种非常的权宜手段来补救法律的不足了。有时候，他们就假托神迹，然而这种办法只能欺骗人民，却不能欺骗统治人民的人；有时候，乘候选人还没有来得及进行阴谋活动之前，就突然召集一次大会；有时候，因为看出人民已被人争取过去要参与为非作歹的一方了，于是就一味空谈，把整个议程都消磨掉。然而野心家终于规避了这一切。可是，最难于置信的却是：在这样的流弊泛滥之中，如此广大的人民，幸而赖有他们那些古代的成规，竟然从未停止过选举行政官、通过法律、审判案件以及处理一切公私事务，而且几乎和元老院亲身做起来是同样地轻松顺利。

第五章　论保民官制

当人们不能在国家的各个组成部分之间确定一个严格的比例的时候，或者是一些不可消除的原因在不断地改变着它们的比率的时候，于是人们便创立了一种特殊的行政机构；这一机构并

① Custodes, distributores❶, rogatores suffragiorum.（选票的监督、分配与查询。）
❶按 1762 年的版本，此字作 distributores（拉丁文“分配”），1782 年及以后的各版本中此字作 diributores（拉丁文：“收集”）。——译注

② “末期”指罗马共和国的末期。——译注

不和其他部分一道构成共同体，但它能使每一项都恢复正确的比率。它或是在君主与人民之间，或是在君主与主权者之间，或者如果必要的话，同时是在这两方面之间，形成一种联系，也可以说是一个比例中项。①

这个团体，我称之为保民官制，②它是法律与立法权的守护者。它有时候可以用来保护主权者以对抗政府，就像人民的保民官在罗马所做的那样；③有时候，可以用来支持政府以对抗人民，就像目前十人会议在威尼斯所做的那样；并且有时候，又可以用来保持一方与另一方之间的平衡，就像监察委员④在斯巴达所做的那样。

保民官制绝不是城邦的一个组成部分，而且也不应该具有立法权或行政权的任何一部分；但也正好是在这一方面，保民官的权限才最大；因为他虽不能做出任何事情，却可以禁止一切事情。作为法律的保卫者，它要比执行法律的君主与制定法律的主权者更为神圣、更为可敬。这是我们很明显地可以在罗马看到的；罗马的那些高傲的贵族们总是鄙视所有的人民，但他们却不得不在一个平凡

---

① 可参看本书第3卷，第1、第7章。——译注

② 本章所谓的“保民官”，其含义和古罗马的保民官不尽相同，是历史上所从未有过的。——译注

③ 罗马“人民的保民官”或“平民保民官”（tribun du peuple，拉丁文 tribun plebis）只能从平民中间选出，他们的职责是保卫平民不受贵族高级官吏的侵犯。——译注

④ “监察委员”（Ephore，拉丁文 Ephorus，源出希腊文 εφοροζ）为斯巴达自古即有的制度。监察委员共五人，由公民大会选出，组成监察委员会。监察委员的设置最初是为了在公民中维持斯巴达的风纪（对人民的权威）。国王出征时，有监察委员二人同行，监督国王的行动（对政府的权威）。监察委员可以征集军队、课税并执行一切审判职务（对人民的权威）。监察委员最初具有民主性，公元前5—前4世纪逐渐转变为保障上层利益的寡头机关，并掌握极广泛的行政权与司法权。——译注

的、既无占卜权又无司法权的人民官吏的面前低下头来。[①]

保民官制如果控制得高明，就可以成为一个良好体制的最坚固的支柱；但它所具有的力量只要稍微多一点，就会颠覆一切的；至于软弱，那却不是保民官制的属性了，只要他真有了权力的话，那便绝不会少于他所必需的权力。

当保民官篡夺了他只能作为其调节者的行政权的时候，并且要行使他只能是加以保护的法律[②]的时候，则保民官制就会蜕化为暴君制。在斯巴达还能保持它的风尚时，监察委员的庞大权力是不足为患的；但在腐化开始之后，那就加速了它的腐化。被这些暴君们所杀害的阿基斯[③]，终于由他的继承者复了血仇；监察委员们所犯的罪行与所受的惩罚，同等地加速了共和国的灭亡；于是到克里奥门尼斯[④]之后，斯巴达就再也无足称道了。罗马也是经历了同样的道路灭亡的；而且保民官以法令所篡夺的过度的权力，靠着原是为了自由而制订的法律的帮助，最后竟成为那些摧毁了自由的皇帝们的保障了。[⑤] 至于威尼斯的十人会议，那是一种血腥的法庭，它对于贵族与对于人民是同样地可怖；而且当它堕落之后，它远不是高尚无私地在保护法律，反

① 罗马保民官没有徽帜、扈从，选举不需要占卜；但有一定的司法权。——译注

② 此处正本作“行使……法律”(dispenser les lois)；通行各本多作“废除……法律”(dispenser des lois)，是错误的。——译注

③ 阿基斯(Agis)，指斯巴达国王阿基斯第四(公元前245—前241在位)，他因为实行改革，恢复古代莱格古士的制度，被监察委员会处死。——译注

④ 克里奥门尼斯(Cléomène，即 Cleomenes)，指斯巴达国王克里奥门尼斯第三(公元前236—前222在位)。他逮捕并杀死了监察委员，恢复了古代的制度；后败于马其顿人，客死埃及。事见普鲁塔克《英雄传》。——译注

⑤ 恺撒于公元前48年任终身保民官(Tribunicia potestas)，从而获得了他个人终身神圣不可侵犯的权利；其后公元前36年屋大维(即奥古斯都)获得了同样的权利。这样便结束了罗马共和国而开始了罗马帝国的历史。——译注

而只是在暗中进行那些骇人听闻的勾当。①

保民官制，正像政府一样，会随着它的成员的增多而削弱。罗马人民的保民官，最初人数是两个，后来是五个，他们还希望把这个数目再增加一倍；而元老院也就让他们这样做，元老院料定他们会彼此掣肘的，后来的情形果然不出所料。

要防止如此之强而有力的团体篡夺大权，最好的方法——而这样的一种方法至今还不曾有任何一个政府注意过——就是不让这种团体成为永久性的，而是规定它必须有各种宣告它中断的间歇期。这些间歇期也不应该太长，以免使滥用职权得以有时间滋长；它们可以由法律来规定，从而使人能在必要时很容易通过非常委员会加以缩短。

这种方法在我看来并没有什么不便，因为正如我已经说过的，保民官制既不构成体制的一部分，所以去掉之后也不会损害体制；而且这种方法在我看来还是有效的，因为一个新恢复起来的行政官并不是从他的前任所具有的权力出发，而是从法律所赋予他的权力出发的。②

① 威尼斯十人会议作为公安委员会而言，有权处理一切叛国案件；而暗杀则是他们所经常采用的手段。——译注

② 《山中书简》第9书："我不能原谅罗马人的错误；我已经在《社会契约论》一书中谈过了。我曾指责过罗马人篡夺了行政权力，而他们本应该只能是控制行政权力的；我已经指明了保民官制应该根据什么原则而设置、人们所应该加给它的限制以及这一切应该怎样做法。在罗马，这些规则并没有很好地被遵守；罗马人本来应该是做得更好一些的。但是也必须看到罗马的保民官除了滥用职权之外，还做了些什么事；假如这种制度运用得当的话，他们会有什么做不到的事呢？"又，《波兰政府论》第7章："行政权的经常转手，可以防止一切制度之被人篡夺。每一个国王在他的御位期间，都会朝着专制的权力迈出几步。然而选举他的继承者，则会迫使继承者倒退回来而不能继续前进；每一代国王在登基时都要受到传统公约（pacta conventa）的约束，一切都得

第六章 论独裁制[①]

法律的僵硬性会妨碍法律得以因事制宜，所以在某些情况下就能使法律成为有害的，并且在危急关头还能因此致使国家灭亡。程序以及种种手续上的拖延，都需要一段时间，有时候这是局势所不容许的。很可能出现千百种情况都是立法者所根本未曾预料到的；因而能够察觉到我们并不能预见一切，这本身便是一种极其必要的预见了。

因此，就绝不能要求把政治制度僵硬化到竟至于取消了那种使法律中止生效的权力的地步。就连斯巴达也都曾让它的法律休眠过。

然而，唯有最大的危险才值得去冒变更公共秩序的危险；并且除非是在涉及国家生死存亡的时候，否则人们是决不应当停止法律的神圣权力的。在这种罕见而又显著的情况之下，人们便以一种特殊的行为而把维护公共安全的责任托付给一个最值得信任的人。[②]这一委托可以按危险的种类而以两种方式进行。

如果为了挽救危局，只需扩大政府的活动就够了的话；那么，

从原点出发。因此，尽管有着趋于专制主义的习惯倾向，但并不会真正地前进。”——译注

① 罗马独裁制创立于公元前 501 年。罗马共和时期的政府通常由两名执政官负责掌管，但在紧急情况下可以由执政官任命一名独裁者在一个短期内掌握绝对权力。独裁制于公元前 44 年废止。有关本章中所论述的罗马独裁制，可参看马基雅维里《李维论》第 1 卷，第 3 章。——译注

② 此处意谓不应该由法律来决定设置独裁者，因为任命一个独裁者的行为是一项个别的、特殊的行为。——译注

便可以把政府集中在它的一个或两个成员的身上。于是,这里所变更的便不是法律的权威,而仅仅是行使法律的形式。如果危险已到了这种地步,以致法律的尊严竟成为维护法律的一种障碍;这时候,便可以指定一个最高首领,他可以使一切法律都沉默下来,并且暂时中止主权权威。在这种情况下,公意是无可怀疑的;并且很显然,人民首要的意图乃是国家不至于灭亡。采取这种方式时,立法权威的中止并不就是消灭;行政官[①]可以使立法权威沉默,却不能使之发言;他可以控制它,却不能代表它;他可以做一切事情,但是不能立法。

第一种方法是罗马元老院所采用的,它以一种庄严的仪式授权执政官来保障共和国的安全。当两个执政官之一任命一个独裁者的时候,[②]则所用的便是第二种方法了;这种办法是阿尔比[③]给罗马做出了先例的。

当罗马共和国肇始时,他们每每求助于独裁制;因为国家还

---

① “行政官”指上面所说的“最高首领”。——译注

② 这一任命是在夜间秘密进行的,仿佛是人们由于把一个人置诸法律之上而感到羞愧似的。❶

❶马基雅维里《李维论》第 34 章:“一个独裁者的产生对执政官们来说不免是很难堪的,因为执政官本是国家的首领,现在也和其他人一样变成了臣民。明智的罗马人于是就让执政官本人具有任命独裁者的权力,他们认为……这样一来,执政官对于自己所任命的独裁者就不会有什么嫉妒之心了,因为由于自己的行为而伤害自己总比别人伤害自己要好些。但到了[共和国]末期,罗马人就不再选任独裁者,而采取把独裁的权力直接赋予一个执政官的办法,授权时致词如下:愿执政官负责,使国家不受任何损害。”——译注

③ 阿尔比(Albe la longue,拉丁文 Alba-longa)为罗马拉丁区最古的城市,于罗马王政时期第三王 Tullus Hostilias 时被毁,居民(即阿尔班人,见本书第 4 卷第 4 章注)移入罗马。——译注

没有一个足够巩固的根基,能够仅凭宪法的力量就可以自保。①

这时候,罗马的风尚使得在别的时代里曾经是必要的种种防范措施都成为多余的;人们既不用害怕独裁者会滥用他的权威,也不用害怕他会企图在任满之后仍然保持他的权威。相反地,好像这样大的权力对于被赋予这种权力的人反而是一种负担,因此,独裁者总是急于摆脱这种权力;仿佛取代法律的地位乃是一种非常之痛苦而又非常之危险的职位似的。

于是这里的危险就不在于滥用权力而在于贬低权力了,这就使我要指责罗马早期②对这种至高无上的行政官制度的运用是不够审慎的。因为当人们把这种制度滥用于选举、奉祀以及种种纯形式的事务上的时候,就有理由要担心它在必要的关头反而会变得不够坚强,并且人们也会习惯于把仅仅是用之于无谓的仪式方面的这种官衔看成只是个空头衔。③

及至共和国的末期,罗马人已经变得更为慎重了,可是他们又同样毫无道理地吝惜独裁制,正像以往他们滥用独裁制那样。很容易看出,他们的戒心是缺乏根据的,当时首都力量的薄弱,对它内部那些行政官来说,反倒成了安全的保障;一个独裁者在某种情况之下可以保卫公共自由,但却永远不能觊觎公共自由;罗

---

① 此处波拉翁注本不分段。——译注

② “罗马早期”指罗马共和国早期。——译注

③ 独裁者(dictateur,拉丁文 dictator)原称“人民首领”(magister populi)或“最高领袖”(praetor maximus),是国家紧急时期所任命的特殊行政官,赋有绝对的权力。但早期罗马,除了在发生战争或叛乱的情形而外,还任命独裁者来主持宗教上的某些仪式或民事上的一些典礼,任务执行完毕之后,独裁者立即退位。因此,罗马早期所谓独裁者与后来在国家处于紧急时期所任命的具有全权的独裁者,其含义并不完全相同。——译注

马的枷锁并不是在罗马本身之内铸成的，而是在它的军队里面铸成的。[①] 马留乌斯对苏拉以及庞培对恺撒都没有进行什么抵抗，这就足以说明以内部的权威去抵抗外来的武力，可能期待着会有什么结果了。

这种谬误使得罗马人犯了重大的错误。例如，关于卡提里那[②]事件并未任命一个独裁者，就是这样的一种错误：因为这一事件既然只是罗马城内的问题，至多也只是意大利某几个省区的问题；所以一个独裁者运用法律所赋予他的无限权威，是很容易消除阴谋的。但那次阴谋只是由于有种种幸运机缘的偶合才被阻止；而这种机缘却是人类的审慎所永远不应当期待的。

元老院并不这样做，反而满足于把它的全部权力都交给执政官；从而就发生了西塞罗为着行动有效而不得不在一个根本的要点上逾越了这种权限。[③] 如果说开头一阵的欢悦竟使得人们赞同了他的行为的话，那么到后来人们又要他对公民违反法律的流血事件[④]负责，就也应该是公正的；而对于一个独裁者，就不能加以这种谴责了。然而这位执政官的辩才却迷惑了大家；他本人虽然是罗马人，可是他爱自己的光荣更甚于爱自己的祖国；他追求的

① 《山中书简》，第9书："罗马的枷锁绝不是在罗马铸成的，而是在它的军队里铸成的；正是由于他们的征服，他们才丧失了自己的自由。他们自由的丧失并不是由于保民官的缘故。"——译注

② 卡提里那（Catilina，公元前108—前62），罗马贵族，原为苏拉部将，公元前63年竞选执政官失败后发动政变，受到以执政官西塞罗为首的共和派的镇压。——译注

③ 在罗马不经审判就宣告一个公民为犯罪，乃是非法的。但西塞罗于咨询了元老院之后，立即对卡提里那事件的同谋者执行死刑，而不允许他们向人民上诉。——译注

④ 指镇压卡提里那谋叛事件。——译注

与其说是保卫国家的最合法而又最妥当的办法，倒不如说是要使自己享有这一事件的全部荣誉的办法。[①] 于是他就很公正地被当作罗马的解放者而受到尊敬，又很公正地被当作法律的破坏者而受到惩罚。无论对他的判决的撤销是多么光彩，但那确实只能是一种恩赦。

此外，无论这一重要的委任是以什么方式来授予的，但最重要的是必须把它固定在一个很短的期限之内，绝对不能延长。在需要建立独裁制的危急关头，国家很快地不是毁灭就是保全；当紧急需要过去之后，独裁制不是变成暴君制，就是徒有虚名。在罗马，独裁者的任期只能是六个月，他们大部分都是在期满之前就退任的。如果任期规定得更长，他们或许还会企图再加以延长，就像十人会议对于任期一年所做过的那样。独裁者只许有时间来应付使他被选为独裁者的那种紧急情况，但不许有时间来梦想其他的计划。

第七章　论监察官制

正如公意的宣告是由法律来体现的，同样地，公共判断的宣告就是由监察官制来体现的。公共的意见就是一种法律，[②] 监察官[③]

① 而这正是在提名一个独裁者时，他所无从肯定的事；因为他既不敢提自己的名，也不能确定他的同僚会提他的名。

② 这个区别在于："法律"是成文的，"意见"是不成文的。——译注

③ 监察官(censeur，拉丁文 censor) 根据惯例系从退职的执政官中间选出。监察官为罗马的高级行政官，其职务为监察公民的道德风纪，监督五年一度的人口调查(census)，登记人口与财产。监察官两名，由人民大会选举，任期五年，自公元前 433 年以后缩短为十八个月。监察官制于公元前 443(?)年创立，公元前 22 年废止。——译注

就是这种法律的执行者；并且监察官也照君主的前例那样，是只能应用于个别的情况的。

因此，监察官的法庭远不是人民意见的仲裁者，它仅仅是人民意见的宣告者；只要脱离了人民的意见，它的决定就是空洞的、无效的。

要把一个民族的风尚和他们所崇尚的对象区分开来，那是徒劳无益的；因为这二者都依据同一个原则，所以必然地混在一起。在全世界的一切民族中间，决定他们的爱憎取舍的决不是天性，而是意见。只要矫正人们的意见，他们的风尚自然也就会纯正。人们总是爱好美好的事物，或者说，爱好他们所认为是美好的事物；然而正是在这种判断上，人们会犯错误；因此，正是这种判断就需要加以规范。评判风尚的人就是在评判荣誉，而评判荣誉的人则是从公共意见里得出他的法则的。

一个民族的各种意见，是从它的体制里诞生出来的。虽然法律并不能规范风尚，但是使风尚得以诞生的却是立法。立法工作薄弱的时候，风尚也就退化；而这时候，监察官的判断也并不能做出法律的力量所不曾做出过的事情。

由此可见，监察官制也许对于保持风尚是有用的，但是对于重建风尚却是绝对无用的。[①] 你可以乘着法律力量旺盛的时候设置监察官；然而一旦法律丧失了力量，一切就都告绝望了；只要法律不再有力量，一切合法的东西也就不会再有力量。

防范公共意见的腐化，以贤明的措施来保持它们的正确性，有时候甚至于在它们尚未确定的时候就把它们固定下来——监

① 可参看孟德斯鸠《罗马盛衰原因论》第8章。——译注

察官制就是这样来维系风尚的。决斗时要带副手的习惯,在法兰西王国中曾经举国若狂地盛极一时,但它只是由国王一纸诏书里寥寥的这样几个字就被废除了的:“至于那些怯懦得要找副手的人们”。这一判断预见了公共的判断,所以一下子便决定了公共的判断。然而当同样的诏书想要宣布,举行决斗也是一种怯懦——这本来是十分正确的,但却违反了一般人的意见——公众便对这一决定加以嘲笑;因为对这件事,公共的判断早已经形成了。[①]

我已经在别处说过,[②]公共意见是决不会屈服于强制力的,所以在为了代表公共意见而设置的法庭里,并不需要有丝毫强制力的痕迹。[③] 对于罗马人是以怎样的艺术——而且拉西第蒙人[④]还要更加高明地——在运用这种已经被近代人所全然丧失了的能力,我们是无论怎样赞扬都不可能过分的。

有一个道德败坏的人,曾在斯巴达的议会里提出了一条好建议,监察委员们置之不理,却让另一个有德行的公民来提出同样

① 卢梭《致达朗贝先生书》:“如果政府可能对道德施加重大影响的话,那只能是最初的宪法;一旦道德已经被政府所决定之后,不仅政府再也不能改变道德,……而且政府甚至于很难维持道德来抵抗那些不可避免的、破坏道德的意外事件和那些会改变道德的自然倾向。”——译注

② 我在本章中只不过是提出我在《致达朗贝先生书》中已经详细论述过的意见。

③ 《致达朗贝先生书》:“强力对于人的精神是无能为力的,……决不要有奖赏,决不要有体罚,决不要有监狱,决不要有逮捕,决不要有武装警备,……没有什么比公共的判断是更加独立于至高无上的权力之外的了。想使强力和法律插足于人们的偏见,想以暴力来改变人们的荣誉观念,那只会有损于国君的威望,并引起人们对于那些超越了自己权限的法律的憎恨。”——译注

④ 拉西第蒙人(Lacédémonien)即斯巴达人。斯巴达位于希腊半岛南部的拉西第蒙。——译注

的建议。[①] 这对后者是怎样的荣誉,而对前者又是怎样的侮辱啊;同时又对两者中的任何一个人都未加以赞扬,也未加以谴责。有几个萨摩岛的醉汉玷污了监察委员的席位,[②]第二天就有明令允许萨摩人可以下流。这样的一种惩罚,要比真正的惩罚来得更严厉。当斯巴达已经宣布了什么是正直、什么不是正直的时候,全希腊却没有请教他们的判断。

第八章　论公民宗教[③]

起初,人类除了神祇之外并没有别的国王,除了神权政体之外就没有别的政府。他们所做的,正是卡里古拉的想法;[④]而在当时,他们的想法是对的。必须经过一个长时期的感情上与思想上的变化之后,人们才会决定以自己的同类作为自己的主人,并且

① 事见普鲁塔克《拉西第蒙人嘉言录》第69节,蒙台涅(Montaigne)《文集》第2卷,第31章转引。——译注

② 他们是来自另一个小岛的,但我国语言的纤弱,不允许我指出它的名字来。㊀

㊀萨摩岛(Samos)位于爱琴海中。此处所谓"我国语言的纤弱,不允许我指出它的名字来",据裴狄坦(Petitian)解说如下:卢梭这里所论述的,都取材于普鲁塔克《拉西第蒙人嘉言录》一书。按普鲁塔克的记载,这件事是Chio的居民干的;卢梭之所以避免提及这个名字,是因为他不愿意在一个严肃的题目上引用一个不大好听的声音。——译注

③ 本章原不在作者的计划之内,是全书完稿以后于1761年夏季或秋季又补写的一章;出版前作者又做了很大的改动。本章底稿是以很潦草的字体写在"论立法者"一章草稿后面的。但是《日内瓦手稿》中有这一章,《山中书简》第一书中也发挥过本章中的思想;所以本章的主要思想并不是匆促提出的。《日内瓦手稿》中曾有过这样的话:"人们进入政治社会之后,就要靠宗教来维持。没有宗教,一个民族就不会、也不可能长久存在。"——译注

④ 见本书第1卷,第2章。——译注

还自诩这样做会有好处。[①]

每一个政治社会之上都奉有一个神；仅凭这一点就可以知道，有多少民族就有多少神。两个彼此相异的而且差不多总是在敌对着的民族，是不可能长期拥戴同一个主人的。两支交战的军队是不会服从同一个首领的。这样，民族的区分就造成了多神的局面，并且由此就产生了神学上的与政治上的不宽容；我们下面就要谈到，这两种不宽容本来是一回事。

希腊人曾抱有一种幻想，要在野蛮民族中去寻找他们自己的神；这种幻想来源于他们所抱有的另一种幻念，即要把他们自己看成是这些野蛮民族的天然的主人。可是在我们今天，居然还把各个不同民族的神混为一谈，那就未免渊博得荒唐可笑了：竟仿佛莫洛克、萨士林、克罗诺[②]可以是同一个神，竟仿佛腓尼基人的巴尔、希腊人的宙斯和拉丁人的朱庇特[③]可以是同一个神，竟仿佛这些各有着不同名字的虚幻的神明至今还可以有着某些共同之点似的！

如果有人问，何以在异教时代[④]每个国家都有它自己的宗教崇拜和它自己的神祇，却从来不曾有过宗教战争呢？我的回答

① 本章开头一段原作："一旦人们进入政治社会而生活时，他们就必须有一个宗教，把自己维系在其中。没有一个民族曾经是，或者将会是没有宗教而持续下去的。假如它不曾被赋予一个宗教，它也会为自己制造出一个宗教来，否则它很快就会灭亡。"——译注

② 莫洛克（Moloch）为古腓尼基人的火神；萨士林（Saturn）为古罗马人的农神；克罗诺（Chronos）为古希腊人的岁时神。——译注

③ 巴尔（Baal，Bel 或 Belus）为古腓尼基人的最高神；宙斯（Zeus）为古希腊人的最高神；朱庇特（Jupiter）为古罗马人的最高神。——译注

④ 异教时代指基督教以前的时代。——译注

是，唯其是每个国家都有它自己独特的宗教崇拜以及它自己的政府，所以这些国家根本就不区别它们的神祇与法律了。政治的战争也就是神学的战争；每个神的领域可以说是都被民族的界限所固定了下来。一个民族的神对于其他的民族并没有任何权利。① 异教徒的神绝不是嫉妒的神，他们彼此间互相划分了整个世界；② 就连摩西以及希伯来人在谈到以色列的神的时候，有时也是采取这种观念的。的确，他们把那个被流放的、注定了要毁灭的、并且那块土地还应该由他们来占领的民族——即迦南人——的神，是视同无物的；然而请看他们是怎样在谈到那些抵御了他们进攻的相邻民族的神明的吧。耶弗他③向亚扪人说：④"属于你们的神基抹的所有，难道不是合法地算作你们的吗？我们也同样有资格占有我们的神所征服而获得的土地"。⑤ 在我看来，这里正是很好地承认了基抹的权利和以色列的上帝的权利是相等的。

但是犹太人，先臣服于巴比伦的国王，继而又臣服于叙利亚的国王，却仍然要坚持除了自己的神而外决不承认任何其他的

① 古代异教城邦不承认它自己的神可以保护异邦人，也不允许它自己的神被异邦人所崇拜；神殿只对本国的公民开放。——译注

② 此处初稿尚有如下字样："并且随后是无忧无虑地划分了全人类。"——译注

③ 耶弗他(Jephté，即 Jephthas)，为基列人的勇士，曾任基列人的元帅进攻亚扪人。事见圣经《旧约·士师记》，第11章。——译注

④ 《旧约·士师记》，第11章，第24节："你的神基抹所赐给你的地可以算是你的地业；我们的上帝耶和华在我们面前所赶逐的人，他的地我们必算是我们的地业。"——译注

⑤ "Nonne ea quae possidet Chamos deus tuus, tibi jure debentur?"这是拉丁文本圣经的原文。贾立蔼神父译作："你难道不认为有权利享有属于你们的神基抹的东西吗？"我不知道希伯来原文的语气如何；然而我看出在拉丁文中，耶弗他是正面地承认了基抹神的权力的，但是法文译者却使用了"依你们看来"，于是把意思给削弱了，而这几个字是拉丁文本中所没有的。

神;于是,这种抗拒就被认为是对于征服者的一种反叛,并且还给他们招致了种种迫害。这些是我们在历史上读到过的,而且在基督教之前我们还没有见到过任何其他的先例。①

每种宗教既然是完全依附于规范着这种宗教的国家法律;因此,除了奴役一个民族而外,就绝没有别的方法可以使一个民族皈依,除了征服者而外,也绝没有别的传教士;而且改变宗教崇拜的这一义务既然就是被征服者的法律,所以在谈到改变宗教崇拜以前就必须先从征服着手。远不是人类在为神而作战,反而正像荷马的书中所说的,倒是神在为人而作战;每一方都向自己的神祈求胜利,并且要偿付给神以新的祭坛。罗马人在攻占一个地方之前,先要召请该处的神退位;当他们把塔伦土姆②人的恼怒的神留下给塔伦土姆人的时候,那是因为这时候他们认为这些神已经屈服于他们的神,并且不得不向他们的神行臣服礼了。罗马人把自己的神留给了被征服者,正像罗马人把自己的法律留给了被征服者一样。向罗马加比多尔③神殿的朱庇特奉献一顶冠冕,通常便是罗马人所索取的唯一贡品了。

终于,罗马人随着他们的帝国一起也就扩张了他们的宗教崇拜和他们的神,而且他们自己还常常采用被征服者的宗教崇拜和

① 极其显然,那场号称神圣战争的福西人的战争❶,并不是一场宗教战争。它的目的是要惩罚渎神者,而不是要镇压不信教者。

❶福西(Phocée,即 Phocis)位于希腊中部。神圣战争指公元前 356 年福西(以及雅典、斯巴达)与底比斯(以及马其顿)之间的战争,当时底比斯人的借口是福西人耕种了神圣的土地。——译注

② 塔伦土姆(Tarantum)位于意大利南部,公元前 272 年被罗马征服。——译注

③ 加比多尔(Capitole),罗马的小山,其上有著名的朱庇特神殿。——译注

神，并对于两者都给予城邦的权利；于是这个广大帝国的各民族才发现自己不知不觉地已经有了大量的神和宗教崇拜，而且到处差不多都是一样的。这便是何以在当时的已知世界中，异教信仰终于成为了唯一无二的宗教。

耶稣便是在这种局势之下出来在地上建立起一个精神的王国的；这便分割开了神学的体系和政治的体系，从而使国家不再成为一元的，并且造成了那种永远不断地激荡着基督教各个民族的内部分裂。可是既然另一个世界的王国的那种新观念[①]永远不能为异教徒的头脑所接受，所以异教徒就总是把基督徒看作是真正的反叛者；他们认为这些伪装恭顺的反叛者，只是在窥伺时机想要自己独立做主人，并且想要狡猾地篡夺在自己力量软弱时所佯为尊奉的那种权威。这就成为宗教迫害的原因。[②]

异教徒所惧怕的事情终于来临了。[③] 这时候，一切就都改变了面貌。谦卑的基督徒改变了他们的语言，而不久我们便看到这个所谓另一个世界的王国，在一个有形的首领[④]之下，竟然变成了这个世界上最狂暴的专制主义。

可是，既然永远都只能有一个君主以及公民的法律，结果这种双重权力[⑤]就造成了一种法理上的永恒冲突；这就使得基督教

① 《新约·约翰福音》第 8 章，第 23 节："你们是属这世界的，我不是属这世界的。"同书，第 18 章，第 36 节："耶稣回答说：我的(王)国不属这世界。"——译注

② 《纽沙代尔手稿》此处尚有如下一条原注："他们由于声称他们有着另一个他们称之为耶稣的王而违抗了恺撒的命令。"注旁标有如下字样："注入《社会契约论》末章。"——译注

③ 指基督教最后获得胜利。——译注

④ 指教皇。——译注

⑤ "双重权力"指基督教国家中政权与教权。——译注

的国家里不可能有任何良好的政体，而且人们永远也无从知道在主子与神父之间究竟应当服从哪一个。

也有过许多民族，甚至于就是欧洲或欧洲邻近的民族，曾经想要保存或者重建古代的体系，[①]但是都没有成功；基督教的精神到处都获得了胜利。神圣的宗教崇拜始终是、或者重新变为独立于主权者之外的，并且与国家共同体没有必要的联系。穆罕默德具有很健全的眼光，他把他的政治体系联系得很好；而且当他的政府形式在他的那些继承者哈里发的治下还继续存在的时候，这个政府确乎是一元的，并且非常之好。然而阿拉伯人后来变得昌盛了，开化了，文明了，柔靡而又怯懦了，于是他们就被野蛮人所征服；这时候，两种权力之间的分裂便又开始了。这种分裂，尽管在回教徒那里比起基督徒来并不那么显著，但仍然是存在的，尤其是在阿里[②]的教派里；并且在有些国家，例如波斯，则这种分裂至今还可以为人察觉。

在我们中间，英国国王已经自立为教会的首领了，[③]沙皇也已经这样做了；[④]但是他们采用这个头衔与其说是使得自己成为教会的主人，倒不如说是成了教会的大臣；他们所获得的与其说是改变教会的权力，倒不如说是维持教会的权力；他们在教会里并不是立

① “古代的体系”指古代异教国家政教合一的制度。——译注

② 阿里(Ali)为穆罕默德之婿，第四代哈里发，公元656—661年在位。——译注

③ 1534年英国通过“至尊无上法案”，宣布英国国王为“英国教会与教士的保护者与唯一的至高无上的领袖”；此后，英国国王加上“信仰的保卫者”这一头衔而成为英国国教的首领。——译注

④ 1453年东罗马帝国灭亡，东正教的中心转移到俄罗斯；此后俄国正教的大主教均由沙皇任命。此处“沙皇”(Czars)，波拉翁本作“皇帝”(Césars)。——译注

法者，而只不过是君主。凡是在教士形成为一个共同体的地方①，则教士在其自己的部门之内②就是主人和立法者。于是，在英国、在俄罗斯也和在其他地方一样，便有着两种权力、两个主权者了。

在所有的基督教作家③之中，哲学家霍布斯是唯一能很好地看出了这种弊病及其补救方法的人，他竟敢于提议把鹰的两个头④重新结合在一起，并完全重建政治的统一；因为没有政治的统一，无论是国家还是政府就永远不会很好地组织起来。⑤然而他也应该看到，基督教的统治精神是和他的体系不能相容的，而且牧师的利益永远要比国家的利益更强。霍布斯之所以为人憎恶，倒不在于他的政治理论中的可怕的和错误的东西，反而在于其中的正确的与真实的东西。⑥

① 必须特别指出，把教士结合成一个共同体的，还不是形式上的集会（像是法国的那样），倒更是教会的圣餐。圣餐与革除教门就是教士们的社会公约；有了这个公约，他们就永远都是人民的与国王的主人。所有共领圣餐的牧师们都是同胞公民㊀，哪怕他们是来自地球上的两极。这种发明真是政治上的一件大杰作。在异教的祭司那里从来还不曾有过类似的事，所以他们也就从未曾组成过教士的共同体。

㊀"同胞公民"正本作"同胞公民"，有的版本作"公民"。——译注

② "在其自己的部门之内"指教士所掌管的精神事务。按"部门"（partie）一词各版本中均作"祖国"（patrie），此处据伏汉本改正。——译注

③ 正本作"基督教作家"（les auteurs chrétiens），有的版本作"其他基督徒"（les autres chretiens）。——译注

④ 鹰为古罗马政权的徽号，"鹰的两个头"指政权与教权。——译注

⑤ 霍布斯《公民论》，第12章："在基督教的国家里，对精神事务以及尘世事务的裁决都掌握在世俗政权的手中，从而主权者的会议或主权者的君主就既是国家的首领同时又是教会的首领，因为基督教的教会与国家根本上只是一回事。"——译注

⑥ 此外，还请看格劳秀斯1643年4月11日给他兄弟的一封信，从中可以看出，这位学者对于《公民论》㊀一书所赞许的是什么，所谴责的又是什么。㊁的确，他似乎很有雅量地因为偏爱作者的坏处而原谅了作者的好处；但并非人人都是这么宽洪大度的。

㊀《公民论》（De Cive，1642年），为霍布斯的主要政治著作之一。——译注

㊁1643年4月11日格劳秀斯致弟书："我已经读过了《公民论》。我很高兴，他所讲的是拥护王权的，然而我不能赞同他那见解所依据的基础。他相信所有的人天然地都是处于战争状态，并且他还奠定了其他一些和我的原则不能相符的东西。因为他甚

我相信从这一观点来发挥历史事实，我们就很容易反驳贝尔与华伯登[①]两个人相对立的意见了；他们中的一个认为任何宗教对于政治体都是毫无用处的，反之另一个则主张基督教乃是政治体的最牢固的支柱。我们可以向前者证明，从没有一个国家是不以宗教为基础便能建立起来的；又可以向后者证明，基督教的法律归根结底乃是有害于而不是有利于国家的坚强的体制的。为了使人能够理解，这里只需把和我的主题有关的种种过于含混的宗教观念再稍加明确一下。

宗教，就其与社会的关系而论——无论是一般的关系，还是特殊的关系[②]——也可以分为两种，即人类的宗教与公民的宗教。前一种宗教没有庙宇、没有祭坛、没有仪式，只限于对至高无上的上帝发自纯粹内心的崇拜，以及对于道德的永恒义务；它是纯粹而又朴素的福音书宗教，[③]是真正的有神论，我们可以称它为自然的神圣权利。[④]后一种宗教是写在某一个国家的典册之内的，它规定了这个国家自己的神、这个国家特有的守护者。它有自己的教条、自己的教仪、自己法定的崇拜表现。[⑤]除了这个唯一遵奉这种

至于主张每个个人都有义务遵守国家所规定的宗教，即使内心里并不信仰，但至少也应该由于顺从而表示屈服。这位作家还有许多东西是我所不能赞同的。”——译注

① 贝尔(Bayle，1647—1706)，法国作家与哲学家，《历史与批评大辞典》一书的作者。华伯登，见前第2卷，第7章注。——译注

② 此处“一般的”系指人类社会，“特殊的”则指政治社会(即国家)；相应于人类社会的为人类宗教，相应于政治社会的则为公民宗教(即政治宗教)。——译注

③ “福音书宗教”为启示的宗教，系与自然的宗教相对而言；可参看《爱弥儿》第4卷，“一个萨伏依牧师的信仰宣言”。——译注

④ “自然的神圣权利”系与自然的人类权利相对而言。——译注

⑤ 《爱弥儿》第4卷：“千万别混淆了宗教的仪式与宗教，上帝所要求的崇拜乃是内心的崇拜，这种内心的崇拜，只要它诚恳，就永远都是一致的。……至于崇拜仪式，虽说它也应该和良好的秩序一致，但却纯粹是一种政治的事情；崇拜仪式完全不需要什么启示。”——译注

宗教的国家而外,其余一切国家在它看来全都是不敬神的、化外的、野蛮的;它把人类的权利和义务仅仅伸张到和它的神坛一样远。一切原始民族的宗教便是如此,我们可以把它叫做公民的或积极的神圣权利。

还有更可怪的第三种宗教,这种宗教给人以两套立法、两个首领、两个祖国,[①]使人们屈服于两种互相矛盾的义务,并且不许他们有可能同时既是信徒又是公民。喇嘛教便是如此;日本人的宗教便是如此;罗马基督教也是如此。我们可以称它为牧师的宗教。于是这里就产生了一种无以为名的、混合的、反社会的权利。

从政治上来考察这三种宗教,则它们各有其自己的缺点。第三种宗教的坏处是如此之显著;如果还想要加以证明的话,那简直是浪费时间了。凡是破坏社会统一的,都是毫无价值的;凡是使人们自身陷于自相矛盾的制度,也是毫无价值的。

第二种宗教[②]的好处,就在于它把对神明的崇拜与对法律的热爱结合在一起;而且由于它能使祖国成为公民崇拜的对象,从而就教导了他们:效忠于国家也就是效忠于国家的守护神。这是一种神权政体;在这种神权政体下,人们除了君主之外决不能有任何别的教主,除了行政官之外也决不能有任何别的牧师。于是为国家效死也就是慷慨殉道,而违犯法律也就是亵渎神明;并且让犯罪的人受公众的诅咒,也就是把他贡献给了神的震怒:Sacer esto(让他去受诅咒吧)[③]。

---

① “两个祖国”指一方面既有国家组织,另一方面又有教会组织。——译注

② “第二种宗教”指古代异教城邦的民族宗教。——译注

③ 原文为拉丁文,系罗马人对于犯罪者所用的诅咒词;一个人被诅咒之后,就被认为是已被摒除在社会之外并且已经为神所遗弃。——译注

然而第二种宗教的坏处，则在于它是建立在谬误与谎话的基础之上的，因而它欺骗人民，使人民盲从、迷信，并且把对神明的真正崇拜沦为一种空洞的仪式。更坏的是，当它变成为排他性的与暴君制的时候，它会使全民族成为嗜血的和毫不宽容的，从而它就唯有靠谋害和屠杀才能够活下去；而且还相信杀死一个不信奉它那种神的人，也就是做了一桩神圣的行为。这就使得这样一个民族对其他的一切民族都处于一种天然的战争状态，那对它自身的安全也是非常之有害的。

于是剩下来的就只有人类的宗教，[①]也就是基督教了——但并不是今天的基督教，而是福音书的基督教，那和今天的基督教是全然不同的。由于这种神圣的、崇高的、真正的宗教，作为同一个上帝的儿女的人类也就认识到大家都是弟兄，而且把他们结合在一起的那个社会是至死也不会解体的。

可是这种宗教既然与政治体没有任何特殊的关系，[②]就只好让法律去依靠其自身所具有的力量，而不能再给它增加任何别的力量；因此特殊社会[③]的最重大的联系之一就不能再起作用了。[④]更有甚的是，它远不能使公民全心全意依附于国家，反而使公民

① “人类的宗教”即一般的或普遍的宗教，系与各国家、各民族的特殊的或具体的宗教相对而言。——译注

② 《新约·使徒行传》第 10 章，第 34—35 节：“我真看出上帝是不偏待人。原来各国中，那行义畏主的人，都为主所悦纳。”——译注

③ “特殊社会”系与普遍的人类社会相对而言，卢梭 1763 年 7 月 15 日《致乌斯特里(Usteri)书》：“大社会，亦即整个的人类社会，是建立在人道与博爱的基础之上的。我说，并且一贯说，基督教是有利于大社会的。但特殊社会，亦即政治社会和公民社会，则完全建立在另一个原则上。”——译注

④ “特殊社会的最重大的联系之一”指宗教。——译注

脱离国家,正如他们脱离尘世间的一切事物那样。我不知道还有什么比这更加违反社会精神的了。[①]

有人告诉我们说,一个真正基督徒的民族将会构成一个人们可能想象的最完美的社会。我对这种假设只看到有一个很大的难点,那就是,一个真正的基督徒的社会将不会再成其为一个人类的社会。[②]

我甚至还要说,这种具有其全部的完美性的假想的社会,就绝不会是最强有力的,也不会是最持久的。由于它是完美的,所以它便缺乏联系力;[③]它那毁灭性的缺陷,也就存在于它那完美性的本身之中。[④]

人人都会尽自己的责任;人民是守法的,首领是公正的、有节制的,行政官是正直的、廉洁的,士兵是不怕死的;这里既没有浮华虚夸,也没有骄奢侈纵;这一切都非常之好,可是让我们再进一

① 1762年10月21日卢梭友人穆尔图(Moultou)致卢梭书:"当你说基督教是违反社会精神的时候,我以为这就又回到了那个说法:仁爱越是扩大,就越会松弛。我们在把所有的人都看成是自己的兄弟时,我们就无法划清他们和我们的同胞公民之间的重大界限了。因此,基督教的体系之有利于人类普遍的社会,要更有甚于它之有利于特殊的社会;而基督徒之具有世界性也更有甚于他的爱国心。"——译注

② "不会再成其为一个人类的社会",1763年7月15日《致乌斯特里书》:"可爱的朋友,别忘了你们的基督徒也是人,而我设想他们的完美也只是人类所能允许的完美。我的书并不是为神而写的。"——译注

③ "联系力"指人与人之间的共同利益。——译注

④ 《致乌斯特里书》:"这是纯粹人为的建设(指政治社会与公民社会。——译者),所以真正的基督教认为这只是尘世上的事情而不让我们去关心它。只有人类的邪恶才使这种建设成为必要,只有人类的感情才能保持这种建设。如果你把你们那些基督徒的一切邪恶都给去掉,他们就不再需要官员,也不再需要法律;如果你把他们所具有的人类感情都给去掉,社会联系便立刻丧失它的动力;再也没有进取心,再也无所谓光荣,对于一切的爱好就再也不那么热烈了。个别的利益被摧毁了;但是由于缺乏适当的支持,政治体便陷入衰弱状态。"——译注

步看一看吧。

基督教是一种纯精神的宗教，一心只关怀天上的事物；基督徒的祖国是不属于这个世界的。的确，基督徒在尽自己的责任，然而他是以一种深沉的、决不计较自己的成败得失的心情在尽自己的责任。只要他自己问心无愧，无论世上的一切是好是坏对他都无足轻重。如果国家繁荣，他也几乎不敢分享公共的幸福，他怕自己会因国家的光荣而骄傲起来；如果国家衰微，他也要祝福上帝的手在对自己的人民进行惩罚。

为了使社会得以太平，和谐得以保持，所有的公民就必须毫无例外地都是同样善良的基督徒。但是，只要不幸出现了任何一个野心家、任何一个伪善者，例如一个卡提里那[①]或是一个克伦威尔[②]；那么，这位野心家或伪善者在他那些虔诚的同胞中间，就一定会畅通无阻的。基督教的仁爱，轻易不许人把自己的邻人想得很坏。一旦这个野心家或伪善者出于某种机智，居然发现了足以欺骗世人并攫取一部分公共权威的艺术之后，于是他就成了尊严的化身，上帝也就要人们去尊敬他；不久他又有了权力，于是上帝也就要人们去服从他。如果这位权力的受任者滥用其权力的话，那就是上帝在用鞭子惩罚自己的儿女了。人们有意要驱逐篡夺者，但那就要扰乱公共的安宁，就要使用暴力，就要流血；这一切都与基督徒的温良是格格不入的。而且归根到底，我们在这种苦难的深渊里究竟是自由的还是被奴役的，又有什么关系呢？根本

① 见本书第 4 卷，第 6 章注。——译注

② 克伦威尔（见本书第 4 卷，第 1 章注）于 1648 年废英王查理第一，自任“护国主”。——译注

的问题乃是要上升天堂，而听天由命只不过是上升天堂的另一种手段而已。

假如爆发了对外战争，那么公民们就会毫不为难地出发作战，他们之中绝不会有任何人梦想临阵脱逃的；他们在尽自己的责任，但是对于胜利却没有热情；他们善于效死更甚于战胜敌人。他们究竟是战胜者还是战败者，那又有什么关系呢？上帝难道不比他们自己更明白他们应该是怎样的吗？就请想象，一个骄横慓悍而意气激昂的敌人，会从他们的这种斯多葛主义①里得到多少好处吧。把那些对于光荣与对于祖国充满着热爱的豪侠慷慨的民族，面对面地摆在这种基督教民族之前吧，试想你那基督教共和国是在和斯巴达或者罗马面对着面吧；这些虔诚的基督徒恐怕还没有来得及看清楚之前，就会被击溃、被粉碎、被消灭的；或许他们可以保全下来，但那仅仅是由于他们的敌人对他们心怀鄙夷的缘故。在我看来，法比乌斯②手下兵士们的誓言是一个很好的誓言；他们并不宣誓要效死或者要战胜，他们只是宣誓要以胜利者的资格凯旋，而且他们信守了自己的誓言。基督徒是从来不做这样的事情的，他们会以为这是在试探上帝了。③

然而，当我说一个基督教的共和国时，我已经是错了；因为这

① 斯多葛主义，为古希腊末期流行的一个哲学流派，这一派哲学主张克制感情服从命运。——译注

② 即审慎者法比乌斯(Fabius le Temporiseur，即 Fabius Countrator，约公元前275—前203)，布匿战争中的罗马大将。以下所述，事见李维《罗马史》第2卷，第45章。——译注

③ 《旧约·申命记》第6章，第16节："你们不可试探耶和华你们的上帝。"《新约·马太福音》第4章，第7节："经上记着说，不可试探主你的上帝。"；又见《路加福音》第4章，第12节。——译注

两个名词是相互排斥的。基督教只宣扬奴役与服从。它的精神是太有利于暴君制了，以致暴君制不能不是经常从中得到好处的。真正的基督徒被造就出来就是做奴隶的；他们知道这一点，可是对此却几乎是无动于衷；这短促的一生在他们的心目之中是太没有价值了。

有人向我们说，基督徒的军队是很出色的。我否认这一点；就请他们给我指出这种事实来吧。至于我，我根本就不知道有什么基督徒的军队。有人会向我指出十字军来。关于十字军的勇敢这里不必争论，我只要指出十字军远远不是基督徒，他们乃是牧师的兵士，他们乃是教会的公民；他们是在为他们的精神的国家而作战的，但是这个精神的国家却不知怎么回事竟被教会弄成为尘世的了。① 很好地明了这一点之后，这就又回到异教主义上去了；福音书从不曾建立过什么民族的宗教，因此在基督徒之间，任何神圣的战争都是不可能的。②

在异教皇帝③的麾下，基督徒兵士是勇敢的；所有基督徒的作家都肯定这一点，而且我也相信这一点；但那乃是对异教军队的一场荣誉竞争。自从皇帝成为基督徒，这种竞争就不复存在了；并且当十字架驱逐了鹰旗④之后，罗马的全部尚武精神也就消失了。

---

① 此处意谓：基督教的“精神的国家”本来是“不属于这个世界的”，但是十字军东征却把尘世上的圣城（耶路撒冷）与精神上的国家混为一谈。——译注

② “神圣的战争”指宗教战争；“是不可能的”指在理论上应该是不可能的。——译注

③ “异教皇帝”指罗马皇帝。第一个接受基督教的罗马皇帝为君士坦丁大帝（306—337），在此以前的罗马皇帝都是异教徒。——译注

④ 十字架为基督教的标志，鹰旗为罗马的军旗；“十字架驱逐了鹰旗”指基督教取代异教成为罗马国教。——译注

然而，撇开政治的考虑不谈，现在让我们回到权利问题上来；并且让我们在这一重要之点上确定我们的原则。社会公约所赋予主权者统治臣民的权利，正如我已经说过的，①决不能超出公共利益的界限之外。②因此臣民们的意见所应该遵从于主权者的，也仅仅以那些与集体有重要关系的意见为限。可是，每个公民都应该有一个宗教，宗教可以使他们热爱自己的责任，这件事却是对国家很有重要关系的。但这种宗教的教条，却唯有当其涉及道德与责任——而这种道德与责任又是宣扬这种宗教的人自己也须对别人履行的——的时候，才与国家及其成员有关。此外，每个人便都可以有他自己所喜欢的意见，而主权者对于这些意见是不能过问的。③因为，既然主权者对另一个世界是根本无能为力的，所以只要臣民们今生是好公民，则无论他们来世的命运如何，就都不是主权者的事情了。④

① 见本书第2卷，第4章。——译注

② 阿冉松侯爵❶说："在共和国里，每个人在不伤害别人的范围之内都是完全自由的。"这是一条不可变更的界限；没有人能够把它规定得更确切了。我几次在引证这篇公众尚不知道的手稿时，都不禁为我能对这位卓越可钦的人物表示敬意而感到愉悦，他一直到了大臣的任内还始终保持着一颗真正的公民的心，并且对自己国家的政府保持着一种正确而健康的观点。

❶此处有的版本作"阿侯爵"，1762年版本则作"阿侯"。下文系引自阿冉松《法国古代与近代政府论》。——译注

③ 1762年11月18日卢梭《致巴黎大主教鲍孟（Beaumont）书》："在社会中，每个人都有权了解别人是不是自以为有公平正直的义务，主权者也有权考察每个人建立这种义务所根据的理由。然而与道德无关的、不会以任何方式影响人们行动而且也绝不致诱人犯法的那些意见，则每个人在这些方面就都可以自行做主判断，而没有任何人可以有任何权利或任何兴趣来规定别人的思想方式。"——译注

④ 《致巴黎大主教鲍孟书》："为什么一个人要检查另一个人的信仰呢？为什么国家要检查公民的信仰呢？那就是因为人们认为人类的信仰能决定他们的道德，而他们对于来生的观念又取决于他们今生的行为的缘故。如果事情不是这样的话；那么他们信仰什么，或者他们表现为信仰什么，又有什么关系呢？"——译注

因此，就要有一篇纯属公民信仰的宣言，[①]这篇宣言的条款应该由主权者规定；这些条款并非严格地作为宗教的教条，而只是作为社会性的感情，没有这种感情则一个人既不可能是良好的公民，也不可能是忠实的臣民。[②] 它虽然不能强迫任何人信仰它们，但是它可以把任何不信仰它们的人驱逐出境；它可以驱逐这种人，并不是因为他们不敬神，而是因为他们的反社会性，因为他们不可能真诚地爱法律、爱正义，也不可能在必要时为尽自己的义务而牺牲自己的生命。[③] 但如果已经有人公开承认了这些教条，而他的行为却和他不信仰这些教条一样，那就应该把他处以死刑；因为他犯了最大的罪行，他在法律的面前说了谎。[④]

公民宗教的教条应该简单，条款很少，文辞精确，无需解说和

① 1756年8月18日卢梭《致伏尔泰书》："因此我要求每个国家都应该有一部精神法典，或者说一篇公民信仰的宣言；在肯定方面它应该包括每个人都须承认的社会准则；在否定方面它应该包括每个人都须加以拒绝的不宽容的准则，倒不是因为它们不虔敬，而是因为它们是有煽动性的。一切与法典相符的宗教都应当被允许，而一切与法典不符的宗教都应当被禁止。除了这一唯一的法典之外便没有其他的法典，而每个人也都是自由的。"——译注

② 恺撒在为卡提里那辩护时，曾力图确立一种灵魂有朽的教条。卡图和西塞罗在驳斥他的时候，根本就懒得使用哲学论证；他们只满足于指出恺撒是以坏公民的身份在发言，他所提出的乃是一种有害于国家的理论。事实上，罗马元老院所要判决的正是这一点，而决不是什么神学问题。

③ 这里的两段话与《日内瓦手稿》的文字略有出入。上段"但这种宗教的教条"字句后，《日内瓦手稿》作："却唯有当涉及道德的时候才与国家有关；其他的一切都是国家所完全无能为力的。此外，每个人便都可以有他自己所喜欢的意见，而主权者对于这些意见是不能过问的。有些是公民应该承认的有利于社会的正面教条，也有些应该认为是有害而加以拒绝的反面的教条。这些不同的教条就构成了一篇应由法律来规定的纯属公民信仰的宣言。这个宣言并非严格地作为宗教的教条，而只是作为社会性的感情[下同，略]"。——译注

④ 《日内瓦手稿》在这句话的上面还有："每个公民都应当在行政官的面前进行这种信仰宣言的宣誓，并且正式地承认其中的一切教条。如果有人不承认，就应该把他遣送出境，但是他可以安然带走他的全部财产。"——译注

诠释。全能的、睿智的、仁慈的、先知而又圣明的神明之存在，未来的生命，正直者的幸福，对坏人的惩罚，社会契约与法律的神圣性[①]——这些就是正面的教条。至于反面的教条，则我把它只限于一条，那就是不宽容；[②]它是属于我们所已经排斥过的宗教崇拜的范围之内的。

我的意见是，那些把政治的不宽容和神学的不宽容加以区别的人[③]乃是错误的。这两种不宽容是分不开的。我们不可能和我们认为是要堕落到地狱里去的人们和平共存，[④]爱这些人也就是仇视惩罚这些人的上帝了；我们必须绝对地要么是挽救他们，要么是折磨他们。凡是承认神学上的不宽容的地方，都不可能不产生某种政治效果的。[⑤]而且只要神学上的不宽容一旦产生了这种

① 可参看本书第1卷，第7章。——译注

② 《新爱洛漪丝》第5部，第6书："没有任何真正的信仰者是会不宽容的，或者是会变成迫害者的。假如我是官吏而法律又对无神论者处以死刑的话；那么谁要是宣判别人这种罪状，我首先就要把他烧死。"——译注

③ 此处系指狄德罗(Diderot，1713—1784)。狄德罗《百科全书·不宽容条》："必须区别两种不宽容：即教会的不宽容与公民的不宽容。"——译注

④ 《爱弥儿》第5卷："政治宽容与神学宽容的这一区别乃是幼稚的、徒劳的。这两种不宽容是分不开的，我们不可能采用一个而不要另一个。即使是天使，也不会和被他们认为是上帝的敌人的那些人和平共存的。"——译注

⑤ 例如，婚姻就是一项公民契约，而且具有政治的效果；没有这些效果，社会甚至于就不可能存在下去。现在让我们设想牧师居然把裁可婚姻的权利完全归他们来掌握，而这种权利本来也是一切不宽容的宗教所必然要篡取的；于是他们就会乘着提高教会的权威的时候，把君主的权威变得有名无实，君主所剩的便只有牧师所肯留下来给他的臣民的了，这难道不是明显的吗？牧师可以视人民是否接受这种或那种教义，承认或拒绝这种或那种仪式，视人民的虔诚程度的高低，而以谨慎的行动与坚决的方式来主宰人们可否结婚；难道这不是明显地说，唯有他们才能处理继承，处理职位，处理公民，甚至于处理国家了吗？因为全靠私生子来组成国家，这个国家是不会长久的。但是也许有人会说，我们可以宣告他们滥用权力，我们可以中止、可以命令、可以接管他们的世俗权力。多可怜的说法！牧师是只要有了一点不管多么小的头脑——我不是说有了一点勇气——总会不管别人怎么样而自行其是的；他们可以安然让别人去宣告、去中止、去命令、去接管，而终于还是他们自己做了主人。在我看来，当他

效果，主权者即使在世俗方面也就不再是主权者了；从此牧师就成了真正的主人，而国王则只不过是牧师的官吏而已。

现在既然已不再有，而且也不可能再有排他性的国家宗教，所以我们就应该宽容一切能够宽容其他宗教的宗教，[①]只要他们的教条一点都不违反公民的义务。但是有谁要是胆敢说：**教会之外，别无得救**，就应该把他驱逐出国家，除非国家就是教会，君主就是教主。[②]这样的一种教条，唯有在神权政府之下才是好的，而在其他一切政府之下就都是有毒害的。传说中亨利第四[③]在接受罗马教时所根据的那种理由，是应该使得一切正直的人都脱离罗马教的，而尤其是每一个善于思想的君主。

们有把握可以获得全局的时候，那么先放弃一部分并不能算是一种很大的牺牲。㊁

㊀《日内瓦手稿》："这一切都是如此之混淆在一起，以致公民的状况和财产的继承竟要完全取决于牧师。在法兰西王国全境内，一个婴儿的诞生是否合法，一个公民对他父亲的财产是否有继承权，今后三十年内法国居民是否会由私生子所构成；这一切都要绝对地取决于牧师。只要牧师的职能可以产生政治效果时，牧师就是真正的行政官。法国的教士会议，在我看来，才是这个国家里的真正国家。"——译注

㊁这一条注，在 1762 年版本中被作者删去。——译注

① 《日内瓦手稿》："信仰宣言中一个必要的、不可或缺的条款就是：我绝不相信，任何人由于其宗教崇拜的想法和我的不同，于是在上帝面前就会是有罪的。"——译注

② 《日内瓦手稿》："要想得救，就必须像我这样思想——这是风靡一世的可怕的教条。如果你们不从城邦里把这条地狱的教条驱除出去，你们就永远也成就不了公共的和平。谁要是不觉得它可怖，谁就不可能是基督徒，也不可能是一个公民或者是一个人。他就是一个必须用来献给全人类的安宁作为牺牲祭品的魔鬼。"——译注

③ 亨利第四（1589—1610 在位）为结束 16 世纪下半叶法国宗教战争的法国国王。据说亨利第四曾召集过一次基督教新旧教两方的会议；会上新教方面承认信仰旧教也可以得救，而旧教方面则否认信仰新教可以得救。于是亨利第四决定信仰旧教。——译注

第九章　结论

在已经提出了政治权利的真正原理并且试图把国家奠定在它的基础之上以后，剩下来的就是怎样通过它的对外关系来支持它；这就包括国际法、通商、战争的权利与征服、公法、同盟、谈判、条约，等等。但这一切构成了一种新的对象，而对我这篇简短的论文[①]来说就未免太大了，我还是始终只把它限定在我的范围以内吧。

① 《社会契约论》只是一篇“简短的论文”，卢梭原来曾准备写一部《政治制度论》的巨著的。可参看本书“前言”注。——译注

附　　录
《日内瓦手稿》第二章

论普遍的人类社会[①]

让我们先来探讨政治制度的必要性是从何而来的。

人的力量对于其自然需要及其原始状态形成了这样的比例，以至于这种状态的变化和这种需要的增长不管是多么微小，他都需要有他的同类来帮助；而当他的欲望终于要并吞整个自然界的时候，就是全人类都合在一起也难于餍足它们了。正是这种使得我们要为非作恶的原因，也就这样把我们转化为奴隶，并且通过腐蚀我们而在奴役着我们。我们脆弱的情操之出于我们的天性，还远不如出于我们的贪婪；随着我们的激情在分裂我们，我们的需求也就越发靠拢我们；我们越是成为我们同类的敌人，我们就越发无法防范他们。这就是普遍社会的最初纽带；这就是人所熟知的必需性仿佛竟窒息了我们的情操、同时每个人又都想无需加以培育便能撷取其果实的那种友爱的基础了。至于就大自然的

① 本章标题最初作："论人与人之间根本就没有自然而然的普遍社会"。《纽沙代尔手稿》作："论自然权利与普遍社会"。《自然权利》(Droit naturel，或译天赋人权)是狄德罗为《百科全书》第十卷所写的一条；关于它和本章的关系，详下。——译注

同一性而言，则它在这上面的作用却等于零；因为它对于人们同样地既是争执的而又是结合的主题，它总是在人们中间既播下了竞争和嫉妒，也同样播下了明智与和谐。

从事物的这种新秩序之中，便产生了大量无法估计的、没有规则的、变化无常的关系，人们总是不断地在改变着它们；有一个人力图把它们固定下来，就有一百个人力图把它们推翻。既然在自然状态之中，一个人的相对生存有赖于千百种不断在变动着的其他关系，所以他的一生之中也就决不会有两个时刻能肯定是同样的；和平与幸福对他来说只不过是一闪而已；除了由所有这类变幻浮沉所造成的苦难之外，就再也没有什么是永久长存的了。当他的情操和他的思想能够上升到热爱秩序和热爱崇高的道德观念的时候，他就绝不可能在一种使得自己好坏莫辨、善恶不分的事物状态之中，确切地运用自己的原则。

因而像这种由我们的互相需要所可能产生出来的普遍社会，就绝不会对沦于苦难的人们提供一种有效的援助；或者说，至少也是它只对于那些已经拥有过多力量的人才会赋予新的力量，而广大的被冷落、受窒息、受压榨的弱者却找不到一个容身之所，他们的脆弱得不到任何支持，并且他们终将沦为他们所曾经期待着能使自己幸福的那种骗人的结合[①]的牺牲品。

[如果人们一旦确信，使人们根据自愿的联系得以互相结合的动机，其中并没有任何东西是和团结有关的；并且远不是提出一个共同福祉的目标，使每个人都可以从中取得自己的一份，反

① “结合”指人与人结合成政治社会。——译注

而是一个人的幸福就造成了另一个人的不幸；如果人们终于看到，他们互相接近并不是把人人都引向普遍的美好，反而只不过是因为人人都在互相疏远；那么人们就会感到，即使这样一种状态可以延续下去，它对于人类也只不过是一个罪恶与苦难的源泉罢了，其中每个人都只看到自己的利益，所以就都只追随自己的意图并且都只倾听自己的激情。]①

因此，天性的甜蜜声音对于我们就不再是一个正确无误的引导，而我们所得之于它的那种独立状态也就并不是一种可愿望的状态；和平与清白，早在我们能尝到它们的美味之前，就已经永远被错过了。为原始时代愚昧的人们所感觉不到的、为后代已经开化了的人们所错过了的那种黄金时代的幸福生活，对于人类说来将永远是一种陌生的状态；或则是由于当有可能享受它的时候而未能认识它，或则是由于当有可能认识它的时候却丧失了它。②

此外还有：这种完全的独立和这种毫无规律可言的自由，哪怕始终是和太古的清白无辜结合在一起的，也终归是一件根本性的坏事，并且会损害我们最优秀的才能的进步的；那就是，它缺少那种构成为整体的各个部分之间的联系。大地上可以布满人类，而他们之间却几乎没有任何交通；我们可以在某些点上互相接触，却没有任何一点可以把我们结合起来；每个人在别人中间始终都是孤独的，每个人都只想着自己；我们的理解力不能得到发

① 本段文字在手稿中被作者删去。——译注

② “当有可能享受它的时候而未能认识它”指“黄金时代的幸福生活”而“为原始时代愚昧的人们所感觉不到”；“当有可能认识它的时候却丧失了它”指“黄金时代的幸福生活”而“为后代已经开化了的人们所错过”。——译注

展；我们毫无感觉地活着，我们未曾生活就死去；我们全部的幸福就只在于并不认识自己的苦难；我们的内心里既没有善良，我们的行为中也没有道德；我们永远也不会尝到灵魂的最美妙的情操——那就是对德行的热爱。

［的确，人类这个字样只不过向精神提供了一个纯集体的观念，而并不假定构成人类的个体之间有任何真正的结合。倘如我们愿意，我们还可以补充这样一项假设：让我们想象人类作为一个道德人格而赋有一种共同生存的情操，这就赋给他以个性并使之构成为一个个体；同时还赋有一种普遍的动力，能为着一个与整体相关的总目标而把各个部分都发动起来。让我们想象：这种共同的情操也就是人道的情操，并且自然的法则也就是整个这架机器的作用原理。然后，就让我们来观察，人和他的同类处于这种关系之中的这一体制将会产生什么结果。和我们想象的完全相反，我们将发现：社会的进步会唤醒个人的利益却窒息内心里的人道；自然法则（倒不如应该称之为理性法则）的概念是唯有当激情的事先发展使得它那全部的教诫都无能为力的时候，才会开始发展起来的。由此可见，大自然所颁布的这种所谓的社会条约，乃是一幕道地的幻景；因为它那些条件是永远认识不了的或者是不能实现的，所以我们就必须是漠视它们或者是抗拒它们。

［假如普遍社会存在于什么地方，而不是存在于哲学家的体系里；那么，正如我所说过的，它就会是一个道德的生命，有着它自身固有的品质而与构成它的那些个体生命的品质截然不同，有点像是化合物所具有的特性并非得自构成化合物的任何一种混合物那样。大自然教给一切人的，就应该有一种普遍的语言，那

将是人们互相交通的普遍工具；就应该有一种共同的神经中枢，可以用于所有各部分之间的通讯。公共的利害就不仅仅是个人利害的总和，像是在一种简单的集合体里那样，而应该说是存在于把他们结合在一起的那种联系之中；它会大于那种总和；并且远不是公共福祉建立在个体的幸福之上，反而是公共福祉才能成为个体幸福的源泉。]①

在独立状态中，理性根据我们自身利益的观点就会引导着我们汇合成为公共的福利——这种说法乃是错误的。个人利益远不是和普遍的福利结合在一起，反而在事物的自然秩序之中它们是彼此互相排斥的；社会法则乃是一种羁轭，每个人都想把它加之于别人，却不肯加之于自己。被智慧所蒙蔽的独立人会说："我觉得自己在人类中间担惊受苦；只好是要么我自己不幸，要么我就使别人不幸。而最爱我的人，莫过于我自己了。"②他还可以补充说："要想调和我自己的利益和别人的利益，那是枉然。你对我说的有关社会法则的好处的一切话，都可能是好话；假如我对别人严格遵守时，我确有把握他们也会对我遵守。然而在这一点上，你能给我什么确切保证呢？并且看到自己暴露在最强者所可能加之于我的各种祸害之下，而我又不敢取偿于弱者；难道我的处境还能有比这更糟的了吗？要么就给我保证，绝不会发生任何不公正的事情；要么就别指望在我这方面有什么克制。尽管你很可以向我说：放弃了自然法则所加之于我的义务，我也就同时被

① 以上两段文字在手稿中经作者删去。——译注

② 此处引文引自狄德罗《自然权利》条，以下作者反驳了狄德罗的论点。可参看《忏悔录》最后一章。——译注

剥夺了它那权利,并且我的暴行也就批准了别人所可能对我施加的一切暴行。但我却更愿意承认,我根本看不出我的节制怎么就能够对我做出保证。何况和强者一道瓜分弱者,使强者有利于我,那也是我的事;那要比正义更加有利于我的利益和我的安全。”明智而独立的人之所以这样推论,其证据就是一切主权社会都是这样推论的,它们的行为都是只顾它们自己的。

对于这类言论能有什么坚强的答复呢?——假如我们不想用宗教来帮助道德,并使上帝的意旨直接参与人类社会的联系的话。然而智者们有关上帝的崇高概念、它所加之于我们的那些美妙的博爱法则、构成它所要求于我们的那种真正宗教崇拜的灵魂纯洁的种种社会德行,总是脱离群众的。人们总是要把他弄成一个像他们自己一样冥顽不灵的上帝,他们好向他贡献上一些廉价的商品,好以他的名义来保证自己能沉湎于千百种可怕的、破坏性的激情里面去。假如哲学和法律约束不了狂热主义的怒焰,假如人的声音并不比上帝的声音更强;那么整个大地就会血流成河,全人类也就会转瞬灭亡的。

事实上,如果至高者的观念以及自然法则的观念,乃是每个人内心生来固有的;那么他们之间再要公开互相教导,就成为一场完全多余的操心了。那就会是把我们已经知道的东西再教给我们,而人们所采取的那种方式倒是更适于使我们把它忘掉的。倘若不是那样;那么根本就不曾被上帝赋予过这些东西的所有这些人,也就无须知道它们了。一旦为此而需要有某些特殊的教诫时,每个民族就都会有其自己的教诫,人们还可以证明那对他们乃是唯一良好的教诫;但由此而来的却往往更多的是屠杀和谋害，而不是一致与和平。

因而，就让我们把各种不同的宗教诫命都搁在一旁吧，滥用它们所造成的罪行并不亚于运用它们之可以免除罪行；这个问题神学家从来都只是诉之于人类的偏见的，现在就让我们交给哲学家去审查吧。

可是哲学家又把我送回到了人类本身的面前，唯有人类才能做出决定来，因为全体的最大幸福也就是他们所具有的唯一热情。他们会向我说，正是公意才是个人所应该请教的，为的是能懂得他应该做一个人、一个公民、一个臣民、一个父亲、一个孩子各到什么程度，以及什么时候适合于他的生和死。我们的独立人会说："我承认，我在其中确实看到了我可以请教的准则，但是我还没有看出使我应该服从这种准则的理由。问题不在于教导我什么是正义；问题在于要向我指明，我做人公正就会有什么好处。"事实上，假如公意就是每个个人纯理智的行为，它能在激情平静的时刻对于一个人所可能要求于自己同类的以及自己同类有权要求于自己的事物进行推论；那就万事大吉了。可是哪里会有能够这样使自己摆脱自己的人呢？而且，假如他关怀着保存自己本身就是大自然的首要教诫，难道我们就能够强迫他也这样地普遍看待全物种，从而把他根本就看不出和自己的个体组成有任何联系的各种义务也都加之于自己本身吗？以上的反驳不是永远都存在的吗？他的个人利益为什么就要求他必须使自己服从于公意，这一点不是也还得等着瞧吗？

此外还有：这样概括出自己的思想来的艺术，既然是人类理智最艰难而又最迟缓的一种运用；那么是不是人类的共同点就永远也无法从这种推论方式中得出自己行为的准则了呢？而且，当一桩具体行动需要请教公意时，一个用心良好的人又有多少次会在准则上或者在运用上犯错误，而在自以为服从法则时却只不过是在追随自己的倾向啊！然则，他又怎么才能保证自己不会错误呢？他将谛听内心的声音吗？可是人们说，①那种声音无非就是由社会内部的判断习惯和感觉习惯所形成的，并且是根据社会法则的；因而那就不可能有助于确定它们。然后，又必须是在他的内心里并没有涌现出任何那类的热情，其调门竟高出于良心之上并淹没了他那怯弱的声音，从而使得哲学家们能坚持认为那种声音是并不存在的。他将咨询成文的权利原理、各个民族的社会行为、人类敌人的默契约定本身吗？我们终归又回到最初的难题上来，而且它不外是我们根据自己的想象而籀绎出其观念并在我们中间所奠定的那种社会秩序而已。我们是按照我们的特殊社会在设想普遍社会的；小共和国的建立使我们梦想着大的；而我们都只不过是在成为公民之后，才真正开始变成人的。由此我们就可以看出应该怎么样来看待这些所谓的世界公民了；他们以自己爱全人类来证明自己爱祖国，他们自诩爱一切人，为的是可以有权不爱任何人。

推理在这方面向我们所指明的，已经完全被事实所证实；我们只消略微回顾一下远古，就很容易看到：对于自然权利的以及对于人人所共有的博爱的健全观点，是很晚的时候才传播开的，并且它们在世界上进展得那么缓慢，以至于只是到了基督教才把

① “人们说”手稿最初作“他们说”，指狄德罗以及当时的“哲学家”。——译注

它们充分普及的。我们就在查士丁尼[①]的法律中也发现,古代的暴力在许多方面都是得到认可的,不仅仅是对于已经被宣布的敌人,而且还对于凡不属于帝国臣民的一切人;因而罗马的人道,也并不比他们的统治权伸展得更远。

事实上,正如格劳秀斯所指出的,人们长时期都相信自己可以被允许去盗窃、掠夺、虐待异邦人而尤其是野蛮人,直到把这些人转化为奴隶。由此而来的便是:人们总要问不相识的人是不是贼匪或海盗,而并不会冒犯他们;因为这种行业在当时远不是不光彩的,反而被当作是荣誉的。最早的英雄们,如赫居里士和德修斯[②],是在向贼匪作战,所以自己才不肯也进行盗劫;而希腊人则经常是把那些根本并不处于交战中的民族所订的条约都称为和平条约的。对许多古代民族来说,甚至于对拉丁人来说,异邦人和敌人这两个名词长期以来就是同义词。西塞罗说:Hostis enim apud majores nostros dicebatur, quem nunc peregrinum dicimus.(“凡是曾被我们大多数称为陌生人的,我们现在就称为异邦人。”)因此,霍布斯的错误并不在于他在独立的但已变成了社会人的人们中间确立了战争状态,[③]反而在于他对人类假设了那种自然状态,[④]并且把本来是罪恶的结果当成了罪恶的原因。

然而,尽管人与人之间根本就不存在什么自然的和普遍的社

① 查士丁尼(Justinien,即 Justinianus)为东罗马帝国皇帝,公元 527—565 在位。《查士丁尼法典》为古代著名的法律汇编。——译注

② 赫居里士,见本书第 3 卷第 6 章注;德修斯(Thesée,即 Theseus)为古希腊的神话英雄。——译注

③ 见本书第 1 卷,第 1 章注。——译注

④ 见霍布斯《利维坦》第 13 章。——译注

会，尽管他们成为社会人的时候变得十分不幸而又作恶多端，尽管正义和平等的法则对于那些既生活于自然状态的自由之中而同时又屈服于社会状态的需要之下的人们来说，全都是空话；但是千万不要以为我们就不会有德行和幸福了，上天已经把我们无可救药地遗弃给人类的腐化了。让我们努力哪怕是从坏事里面，也要汲取出能够医治人类的补救办法吧。让我们，如其可能的话，以新的结合来纠正普遍结合的缺点吧。但愿我们激烈的提问人①能够以成就来评判他自己吧。让我们以完美的艺术向他指出对于艺术开始给自然所造成的灾祸的那种补偿吧；让我们向他指出他所相信其为幸福的那种状态的全部悲惨、他所相信其为健全的那种推论的全部谬误吧。但愿他从事物的更美好的体制里，能看到善良行为的代价、对坏事的惩罚以及正义与幸福那种可爱的一致吧。让我们以新的知识来开导他的理性，以新的情操来炙暖他的心灵吧；但愿他在和他的同类分享自己的生存和福祉时，能学会成倍地增长它们吧。假如我的热诚在这件事情上并没有使我盲目的话，那么就丝毫不必怀疑，有了强劲的灵魂和正直感，那个人类之敌就终于会放弃他的仇恨及其错误的，引他误入歧途的那个理性是会重新把他带回到人道上来的；他就能学会喜爱自己已经很好地理解到的利益更有甚于自己的表面利益的；他就会变得善良、有德、明智，并且归根到底就会造就一支他渴望形成的慓悍队伍，就会形成一个秩序良好的社会的最坚固的支柱。

① “我们激烈的提问人”指狄德罗《自然权利》第5节：“我们激烈的推论者”。——译注

译名对照表

Adam　亚当
Agis　阿基斯
Agricola　阿格瑞柯拉
Albain　阿尔班人
Albe　阿尔比
Ali　阿里
Antraiques　昂特莱格
Arcadie　阿加狄亚
Archimède　阿基米德
Argenson　阿冉松
Auguste　奥古斯都

Baal　巴尔
Balbao　巴尔波
Barbarie　巴巴里
Barbeyrac　巴贝拉克
Barnabé, St.　圣巴拿波
Barnabotes　巴拿波特
Bayle　贝尔
Beaufort　波佛
Beaulavon　波拉翁
Beaumont　鲍孟
Bedmar　贝德玛尔
Berne　伯尔尼
Bodin　博丹
Borgia　波尔嘉
Bossuet　鲍修哀
Burlamaqui　布拉玛奇
Buttafuoco　布达富柯

Calife　哈里发
Caligula　卡里古拉
Calvin　加尔文
Capitole　加比多尔
Carriers　贾立蔼
Carthage　迦太基
Castille　卡斯提
Catilina　卡提里那
Caton　卡图
Censeur　监察官
Centurie　百人团
César　恺撒
Chardin　沙尔丹
Choiseul　旭瓦色
Chronos　克鲁诺
Cicéron　西塞罗
Claudius　克劳底乌斯
Cléomène　克里奥门尼斯
Clusium　克鲁修姆
Comice romain　罗马人民大会
Confessions　《忏悔录》
Contrat social　社会契约
Convention　约定
Corse　科西嘉
Crassus　格拉苏斯
Cromwell　克伦威尔
Curie　库里亚
Cyclope　西克洛浦
Cyrène　昔兰尼

D'Alembert　达兰贝
Darius　大流士
Décemvir　十人会议
Décurie　德库里亚

Defoe 笛福
Denis 但尼斯
Descartes 笛卡尔
Dictateur 独裁者
Diderot 狄德罗
Doge 大公(威尼斯)

Édiles curules 象牙司礼官
Émile 《爱弥儿》
Éphore 监察委员
États-généraux 三级会议

Fabius 法比乌斯
Filmer 费尔玛
Florence 佛罗伦萨
Forum 罗马市场
Francs 法兰克
Fribourg 飞来堡
Fronde 投石党

Galba 戈尔巴
Garnier 迦尼蔼
Gracque 格拉古
Grotius 格劳秀斯

Halbwachs 哈伯瓦赫
Habsburg 哈布斯堡
Héloïse, la nouvelle 《新爱洛漪丝》
Hercule 赫居里士
Hieron 希罗
Hobbes 霍布斯

Institutions politiques 《政治制度论》
Ismaël 伊斯美

Jephté 耶弗他
Jupiter 朱庇特

Lacédémone 拉西第蒙
Législateur 立法者
Leviathan 《利维坦》
Librum veto 单独否决权
Licteur 役吏
Locke 洛克
Lorraine 洛林
Lycurque 莱格古士

Macedoine 马其顿
Machiavel 马基雅维里
Magistrat 行政官
Marathon 马拉松
Mars 玛尔斯
Medici 梅狄奇
Mégare 梅加拉
Miltiade 米提阿底斯
Minos 米诺王
Moloch 莫洛克
Montaigne 蒙台涅
Montesquieu 孟德斯鸠
Moultou 穆尔图

Nepos 尼波斯
Neuchâtel 纽沙代尔
Nicomachus 尼各马可
Noah 挪亚
Numa 努玛

Octave 屋大维
Odyssée 《奥德赛》
Othon 奥东

Pacte 公约
Pausy lippe 鲍昔里普
Petitian 裴狄坦
Phénicie 腓尼基
Philon 费龙
Phocée 福西
Pierre, St. 圣彼得
Pline 普林尼
Plutarque 普鲁塔克
Polybius 波里比乌斯
Pompée 庞培

Populus Romanus　罗马人民
Possession　享有
Poznan　波兹南
Praerogativa　优先权
Prêteur　大法官
Prince　君主
Propriété　所有权
Puniques, guerres　布匿战争

Rabelais　拉伯雷
Rey　雷伊
Rhodes　罗得岛
Romagne　罗曼雅
Robinson　鲁滨逊
Romulus　罗穆鲁斯

Sabin　沙宾人
Samos　萨摩岛
Samuel　撒母耳
Saturne　萨士林
Scythes　塞种人
Senat　元老院
Serrar di Consiglio　西拉尔·康赛里奥
Servius　塞尔维乌斯
Sigonius　西古尼乌斯
Soleure　苏略尔
Solon　梭伦
Sparte　斯巴达
Stanislas Leczinski　斯丹尼斯拉斯·列青斯基
Stoïcisme　斯多葛主义
Sulla　苏拉
Syracuse　叙拉古

Tacite　塔西佗
Tarantum　塔伦土姆
Tarquin　塔尔干
Thlascala　斯拉斯加拉
Tibére　提贝留乌斯
Titan　蒂但
Tite-Live　李维
Tribun　保民官
Tribu　部族
Tyr　梯尔
Ulysee　优里赛斯
Usteri　乌斯特里

Varron　瓦戎
Vaughan　伏汉
Velser　维尔赛
Vespasianus　卫斯巴襄
Vitellius　维梯留斯
Voltaire　伏尔泰

Warburton　华伯登

Xénophon　色诺芬
Xerxès　薛西斯

Zeus　宙斯

图书在版编目(CIP)数据

社会契约论/(法)卢梭著;何兆武译. —北京:商务印书馆,2017
(汉译世界学术名著丛书:120年纪念版:珍藏本)
ISBN 978-7-100-14448-3

Ⅰ.①社… Ⅱ.①卢… ②何… Ⅲ.①政治哲学—法国—近代 Ⅳ.①D095.654.1②B565.26

中国版本图书馆CIP数据核字(2017)第154798号

汉译世界学术名著丛书
(120年纪念版·珍藏本)
社 会 契 约 论
一名:政治权利的原理
〔法〕卢 梭 著
何兆武 译

商 务 印 书 馆 出 版
(北京王府井大街36号 邮政编码100710)
商 务 印 书 馆 发 行
北京市十月印刷有限公司印刷
ISBN 978-7-100-14448-3

2017年12月第1版 开本710×1000 1/16
2017年12月北京第1次印刷 印张13¼
定价:65.00元